NOUVEAU COURS

DE THÈMES.

HUITIÈME.

NOUVEAU COURS
DE THÈMES,

COMPOSÉ

DE TRAITS D'HISTOIRE,

FABLES, DESCRIPTIONS

ET MORCEAUX DE MORALE,

ADAPTÉ AUX RÈGLES DU RUDIMENT DE LHOMOND,

ET SUIVI D'UN DICTIONNAIRE FRANÇAIS-LATIN,

RÉDIGÉ ET MIS EN ORDRE

PAR DEUX PROFESSEURS DE L'ACADÉMIE DE PARIS,

A L'USAGE DES COMMENÇANTS.

CLASSE DE HUITIÈME,

PAR J.-G. MASSELIN.

HUITIÈME ÉDITION.

PARIS.

IMPRIMERIE ET LIBRAIRIE CLASSIQUES

DE JULES DELALAIN,

Fils et Successeur d'Auguste Delalain,

RUE DES MATHURINS St-JACQUES, N° 5, PRÈS LA SORBONNE.

M DCCC XLIV.

AVERTISSEMENT.

Le titre de cet Ouvrage indique assez le but que
je me suis proposé en l'entreprenant. Il existe, je
le sais, plusieurs Cours de Thèmes à l'usage des
élèves qui commencent à étudier la langue latine ;
mais l'expérience a prouvé qu'une grande partie
des compositions françaises qu'ils renferment,
offrent aux enfants, à peine entrés dans la carrière,
des difficultés d'autant plus effrayantes pour eux,
qu'ils les croient insurmontables, et que, souvent
rebutés dès le principe, ils ne se portent plus
qu'avec peine à l'étude d'une langue qui doit leur
être dans la suite d'une si grande utilité. Livré
depuis trente-cinq ans à l'instruction de la jeunesse, une longue pratique m'a fait connaître combien il est essentiel de se mettre à la portée des
enfants, et de ne jamais dépasser les bornes de leur
faible intelligence. Je n'ai donc rien négligé pour
leur rendre plus facile l'application des principes
contenus dans la syntaxe latine de Lhomond, et,
afin d'y parvenir, je me suis servi de plusieurs
moyens employés avec succès jusqu'ici.

D'abord, je mets sous les yeux des élèves toute
la théorie des déclinaisons, réduite à un petit
tableau dans lequel j'ai rapproché les différents
cas semblables, ayant soin d'opposer le pluriel au
singulier, ce qui rend infiniment plus simple le
mécanisme des noms. Au-dessous de ce tableau,

j'ai placé les diverses exceptions renvoyées par Lhomond à la suite des verbes, de sorte que, dans un court espace, l'enfant qui commence aura toujours sous la main ce qui se trouve épars dans une vingtaine de pages de son rudiment.

J'ai réuni sous un seul coup d'œil, dans le tableau suivant, les quatre conjugaisons actives et passives également opposées les unes aux autres, en commençant par l'infinitif, et rapprochant ensuite les divers temps qui dérivent d'une même racine. Ce tableau se compose de trois éléments : 1° la *racine* du verbe; 2° la *figurative* de temps; 3° la *figurative* de personnes. Comme dans les dictionnaires on ne trouve plus les racines, mais les quatre *temps primitifs*, tels qu'*amare*, *amo*, *amavi*, *amatum*, etc., l'élève s'y prendra de cette manière pour dégager les racines et faire usage du tableau.

Temps primitifs.	Amare,	am-o,	amav-i,	amat-um.
Tableau.—Racines.	Amare,	am,	amav,	amat.
Temps primitifs.	Monere,	mone-o,	monu-i,	monitum.
Tableau.—Racines.	Monere,	mone,	monu,	monit.
Temps primitifs.	Legere,	leg-o,	leg-i,	lect-um.
Tableau.—Racines.	Legere,	leg,	leg,	lect.
Temps primitifs.	Audire,	audi-o,	audiv-i,	audit-um.
Tableau.—Racines.	Audire,	audi,	audiv,	audit.

C'est ainsi qu'en retranchant i, um, des temps appelés *primitifs* par Lhomond et autres grammairiens, il aura les quatre racines véritables, auxquelles il ne s'agit plus, pour conjuguer, que d'ajouter les *finales* ou *modificatifs* présentés dans le tableau sous le nom de *figuratives* de temps et de personnes. Ce procédé offre de grands avantages, et triple au moins la facilité de la conjugaison.

Avant de passer à l'application des règles, j'ai pensé qu'il était utile et même indispensable de présenter aux élèves quelques *exercices préliminaires* sur les noms et les verbes, afin de les préparer à la composition; et c'est pour leur rendre ce travail moins pénible, que j'ai cru devoir réunir dans un seul cadre les déclinaisons et les conjugaisons françaises et latines.

La plupart des Cours élémentaires ne renferment ordinairement que des *phrases détachées*, qui n'offrent rien d'agréable à l'imagination des enfants, et finissent souvent par les rebuter. Pour éviter cet inconvénient, je me suis imposé la loi, dès que le nombre des règles l'a permis, de ne leur proposer que des thèmes à *phrases suivies*, dont j'ai varié les sujets autant qu'il m'a été possible, sans toutefois perdre de vue l'obligation dans laquelle je me trouvais de calquer les phrases de chaque devoir sur les exemples des règles données.

Pour plus d'exactitude, je ne me suis pas seulement contenté de placer en tête de chaque thème le simple énoncé de la règle à laquelle il a rapport; mais j'ai joint le texte même de Lhomond, de sorte que l'élève aura continuellement des préceptes sous les yeux, sans être obligé de recourir à son rudiment. Des notes mises au bas des pages éclaircissent les difficultés, s'il y en a, et le Dictionnaire donne la solution de celles qui ne sont pas l'objet d'une note particulière. Les enfants y trouveront exactement indiqué le *cas* que régissent les adjectifs et les verbes, ainsi que le *radical* des noms et les *temps primitifs*.

On me reprochera peut-être de n'avoir mis qu'un

seul thème à la suite de chaque règle. Il m'eût été facile, sans doute, d'en multiplier le nombre ; mais j'ai pensé que, dans un livre composé pour les premières années, tout doit être court, si l'on ne veut amener le dégoût ; et c'est une des raisons principales qui m'ont déterminé à ne pas donner plus d'étendue à ce volume. D'un autre côté, aux phrases calquées sur les règles citées, j'ai tâché de joindre, dans chaque thème, l'application de quelques-unes des règles antérieures, de sorte que réellement la même règle se trouve reproduite un certain nombre de fois sous les yeux de l'élève, depuis l'instant de son apparition, jusqu'à la fin du volume. Il y rencontrer aussi, de loin en loin, des *récapitulations*, où chaque thème précédent est rappelé par des chiffres indiquant la règle à observer.

En un mot, j'ai fait tout ce qui dépendait de moi pour offrir à la jeunesse studieuse un ouvrage utile et nécessaire ; puisse-t-elle en retirer quelque fruit ! je me croirai suffisamment récompensé de mes travaux.

INTRODUCTION.

TABLEAU DES DÉCLINAISONS.

PREMIÈRE DÉCLINAISON.		IIme DÉCLIN.		IIIme DÉCLIN.		IVme DÉCLIN.		Vme DÉCLIN.	
Sing.	*Plur.*	S.	P.	S.	P.	S.	P.	S.	P.
N. »,	æ.	»,	i.	»,	es.	us,	us.	es,	es.
G. æ,	arum.	i,	orum.	is,	um.	ûs,	uum.	ei,	erum.
D. æ,	is.	o,	is.	i,	ibus.	ui,	ibus.	ei,	ebus.
Acc. am,	as.	um,	os.	em,	es.	um,	us.	em,	es.
V. »,	æ.	e,	i.	»,	es.	us,	us.	es,	es.
Abl. â,	is.	o,	is.	e,	ibus.	u,	ibus.	e,	ebus.

Dans les trois premières déclinaisons, nous avons figuré le nominatif par un guillemet, parce qu'il n'a point de finale certaine.

Il n'y a de noms neutres que dans la seconde et la troisième déclinaison. Leur accusatif et leur vocatif sont toujours semblables à leur nominatif, c'est-à-dire qu'ils ont ces trois derniers cas semblables. Ces trois derniers cas sont en *a* au pluriel.

TABLEAU DES EXCEPTIONS DANS LES DÉCLINAISONS.

PREMIÈRE DÉCLINAISON.

1°. *Anim-a, domin-a, fili-a, asin-a, equ-a, mul-a, de-a, famul-a, nat-a, soci-a, serv-a,* } font le datif et l'ablatif pluriel en *abus.*

2°. Il y a trois sortes de noms tirés du grec, dont le nominatif est } 1° E, g. es. 2° ES, g. æ. 3° AS, g. æ.

Les deux premières sortes ont l'accusatif en *en*, l'ablatif et le vocatif en *e* ; la dernière sorte a l'acc. en *an*, la voc. en *a* et l'abl.

Thèmes. — Huitième, Élèves.   1

en *d.* Ces mots n'ont point de pluriel.—Music-*e*, g. *es*, acc. *en*, voc.
et abl. *e.* Æne-*as*, g. *æ*, acc. *an*, voc. *a*, abl. *à.*

DEUXIÈME DÉCLINAISON.

1°. *Fili-us*. . . . .
Geni-us. . . . . } font au vocatif sing. { *fili.*
Les noms propres en *ius*. . . } *geni.*
i.

2°. *Deus, agnus, chorus*, et
les noms dont le nominatif } ont le vocatif semblable au no-
n'est pas en *us*, } minatif.

3°. *Deus* fait au pluriel, nominatif et voc. *dii*, dat. et abl. *diis*.

4°. Les noms venus du grec retranchent *s* au voc. sing. : *Orpheus*,
voc. *Orpheu;* et outre les formes régulières, ils ont au singulier le génitif en *os*, l'acc. en *on* ou en *a.* — gén. *Orphe-i*,
Orphe-os, acc. *Orphe-um*, *Orphe-on*, *Orphe-a.*

TROISIÈME DÉCLINAISON.

1°. Les noms neutres, en *al*, *ar*, *e*, ont l'abl. sing. en *i.*
Le génitif pluriel en. . . . . *ium.*
Et les trois cas semblables en. . , ... *ia.*
Cubil-e, abl. *cubil-i*, g. pl. *cubil-ium*, n. ac. v. pl. *cubil-ia.*
Nota. *Hepar*, *jubar*, *far*, *nectar*, quoique neutres en *ar*, ne
sont pas sujets à l'exception.

2°. Les parisyllabes, c'est-à-dire les noms qui ont un
nombre égal de syllabes au n. et au gén. singulier, { ont le gén.
en *es* ou *is*, comme *nub-es*, *nub-is*, } plur. en
Et les monosyllabes, c'est-à-dire ceux qui n'ont au { *ium.*
n. s. qu'une syllabe, comme *mons*,

Nota. Les parisyllabes *vat-es*, *can-is*, *pan-is*, ne sont pas sujets
à l'exception, ainsi que les monosyllabes *crux*, *dux*, *flos*,
fraus; *fur*, *grus*, *laus*, *nux*, *nox*, *rex*, *sus* et *tus.*

3°. Les noms en *esis*, *isis*, tirés du grec, ont au sing. le gén. en *is*
ou *eos*, l'acc. en *im* ou *in*, et au pl. le gén. en *eon. Hæres-is*,
gén. s. *hæres-is* ou *hæres-eos*, acc. *hæres-im* ou *hæres-in*, g.
pl. *hæres-eon.*

Les autres mots grecs se déclinent régulièrement, et ont de
plus l'acc. sing. en *a*, et l'acc. plur. en *as.*

Acc. s. *Hero-em* ou *hero-a*, acc. plur. *hero-es*, ou *hero-as.*

4°. Les noms en *ma* font, dat. et abl. plur, *is* ou *ibus.* — *Poema*,
dat. et ab. pl. *poemat-is* ou *poemat-ibus.* — *Bos*, dat. et ab. pl.
bobus.

5°. *Amuss-is*, *rav-is*, *bur-is*, *sit-is*,
centuss-is, *tigr-is*, *decuss-is*, *tuss-is*, { ont l'acc. sing. en *im*, et
pulv-is, *vis*, *Arar-is*, *vect-is*, et { l'abl. en *i.*
les noms de villes en *polis*,

Quelques mots, comme *navis*, *puppis*, ont l'acc. en *im* ou *em.*

QUATRIÈME DÉCLINAISON.

1°. *Arc-us*, *port-us*, *spec-us*, *arb-us*, *part-us*, *lac-us*, *trib-us*, *querc-us*, *ver-u*, } font le dat. et, l'abl. plur. en *ubus*.

2°. Les noms dont le nomin. sing. est en *u*, comme *corn-u*, sont indéclinables au sing., et font au plur. *uum*, *ibus*, *ua*. *Corn-uum*, *corn-ibus*, *corn-ua*.

3°. *Domus* a tout le sing. de la deuxième déclinaison, moins le voc., et n'a du plur. que le gén. et l'acc. Il a toutes les formes de la quatrième, moins l'abl. sing.

4°. *Jesus* fait à l'acc. *Jesum*, et dans tous les autres cas *Jesu*.

CINQUIÈME DÉCLINAISON.

Il n'y a que *res*, *species*, *facies*, *progenies*, *dies*, qui aient le gén., le dat. et l'abl. plur.

MANIÈRE DE GRADUER

LES ADJECTIFS ET LES ADVERBES.

Prenez la racine du positif, c'est-à-dire, le génitif singulier, moins la finale (*æ*, *i* ou *is*), et ajoutez selon le degré, savoir :

	ADJECTIFS.	ADVERBES.
Positif.	La racine du mot,	Si l'adj. est de la 1re ou 2e déclinaison, } *è*. Si l'adj. est de la 3e déclin. } *iter*.
Comparatif. . . .	{ . . . *ior*, . . . *ius*, }	. . . . . *iùs*.
Superlatif..	Si l'ad. masc. est en *er*, { *rim-us*, *a*, *um*, S'il n'est pas en *er*, { *issim-us*, *a*, *um*,	. . . . *rim-è*. . . . . *issim-è*.

Ainsi *doct-us*, ou *doct-a*, ou *doct-um*, fait au génitif *doct-i*, *doct-æ*, etc. La racine est *doct*. Ajoutez *ior*, *ius* ; vous aurez pour le comparatif *doct-ior*, *doct-ius* ; le superlatif sera *doct-issimus*, etc., et l'adverbe *doct-è*, *doct-iùs*, *doct-issimè*, etc.

EXCEPTIONS.

Constans, gén. *constant-is*, devrait par l'addition d'*iter* faire *constantiter*; mais on élide *it*, et l'on dit *constanter*. Cette élision a lieu dans tous les adjectifs en *ans*, *ens* et *ers*. *Audax* fait *audacter*.

Si *r* qui termine la racine n'est pas précédé d'un *e*, l'oreille veut qu'on en intercale un, comme dans *nigerrimus*.

	ADJECTIFS.			ADVERBES.		
Positif.	*Compar.*	*Superlatif.*	*Pos.*	*Comp.*	*Superl.*	
M. F. N.	M. F. N.	M. F. N.				
1°. Bonus, a, um.	Melior, us.	Optimus, a, um.	Benè.	Meliùs.	Optimè.	
Malus, a, um.	Pejor, us.	Pessimus, a, um.	Malò.	Pejùs.	Pessimè.	
Magnus, a, um.	Major, us.	Maximus, a, um.	»	Magìs.	Maximè.	
Parvus, a, um.	Minor, us.	Minimus, à, um.	»	Minùs.	Minimè.	
2°. Facilis, e,		Facil-lim-us, a, um.			Facillimè.	
Difficilis, e,	La forma-	Difficil-lim-us, a, um.			Difficillimè.	
Gracilis, e,	tion ré-	Gracil-lim-us, a, um.	La forma-		Gracillimè.	
Humilis, e,	gulière.	Humil-lim-us, a, um.	tion ré- gulière.		Humillimè.	
Similis, e,		Simil-lim-us, a, um.			Simillimè.	

3°. Les adj. en { *Dicus, Ficus, Volus,* } se graduent comme s'ils étaient en { *Dicens. Ficens. Volens.* }

4°. Les adj. en *ius*, *eus* et *uus* n'ont pas de degrés formels. On exprime alors l'idée de comparatif par *magis*, et celle de superlatif par *maximè*, de la manière suivante. *Pius*, comp. *magis pius*, sup. *maximè pius*. *Piè*, *magis piè*, *maximè piè*.

ADDITION AUX EXCEPTIONS DANS LES DÉCLINAISONS.

Nominatif.	*Génitif.*	*Datif.*
Unus, a, um.	Un............	
Solus, a, um.	Sol............	
Ullus, a, um.	Ull...........	
Nullus, a, um.	Null..........	
Nonnullus, a, um.	Nonnull.......	
Totus, a, um.	Tot...........	
Ist-e, a, ud.	Ist...........	ius..... i.
Ill-e, a, ud.	Ill...........	
Ips-e, a, um.	Ips...........	
Alt-er, era, erum.	Alter.........	
Ut-er, ra, rum.	Utr..........	
Alterut-er, ra, rum.	Alterutr.......	
Neut-er, ra, rum.	Neutr.........	

Nominatif.	Génitif.	Datif.
Ali-*us*, *a*, *ud.*	Ali............	us..... i.
Uterque , raque , rumque.	Utrius-que.....	...... ique.

Du reste, ces adjectifs sont de la première et de la deuxième déclinaison, tant au pluriel qu'au singulier.

PRONOMS.

	Sing.	Plur.		Sing.	Plur.		Sing.	Plur.	
		M.			F.			N.	

Ce, cet, cette, ces, lui, eux, elle, elles, le, la, les.

	Sing. M.	Plur. M.	Sing. F.	Plur. F.	Sing. N.	Plur. N.
N.	is,	ii,	ea,	eæ,	id,	ea.
de G.	ejus,	eorum,	ejus,	earum,	ejus,	eorum.
à D.	ei,	iis *ou* eis,	ei,	iis *ou* eis,	ei,	iis *ou* eis.
Ac.	eum,	eos,	eam,	eas,	id,	ea.
Ab.	eo,	iis,	eâ,	iis,	eo,	iis.

Celui-ci, ceux-ci, celle-ci, celles-ci, ce, cet, cette, ces.

	Sing. M.	Plur. M.	Sing. F.	Plur. F.	Sing. N.	Plur. N.
N.	hic,	hi,	hæc,	hæ,	hoc,	hæc.
de G.	hujus,	horum,	hujus,	harum,	hujus,	horum.
à D.	huic,	his,	huic,	his,	huic,	his.
Ac.	hunc,	hos,	hanc,	has,	hoc,	hæc.
Ab.	hoc,	his,	hâc,	his,	hoc,	his.

Qui, que, lequel, lesquels, laquelle, lesquelles, quelle.

	Sing. M.	Plur. M.	Sing. F.	Plur. F.	Sing. N.	Plur. N.	
N.	qui,	qui,	quæ,	quæ,	quod,	quæ	—cunque.
de G.	cujus,	quorum,	cujus,	quarum,	cujus,	quorum	—dam.
à D.	cui,	quibus,	cui,	quibus,	cui,	quibus	—libet. —is.
Ac.	quem,	quos,	quam,	quas,	quod,	quæ	—nam. —piam.
Ab.	quo,	quibus,	quâ,	quibus,	quo,	quibus	—que.

Moi, nous, toi, vous, soi.

	Sing.	Plur.	Sing.	Plur.	Sing.
N.	ego,	nos,	tu,	vos,	....
de G.	mei,	nostr-ûm-î,	tui,	vestr-ûm-î,	sui.
à D.	mihi,	nobis,	tibi,	vobis,	sibi.
Ac.	me,	nos,	te,	vos,	se.
Ab.	me,	nobis,	te,	vobis,	se.

Nota. *Les Vocatifs manquent dans tous ces Pronoms.*

RACINE 1, Amare. 2, Am.

TEMPS.	Actif.	Passif.	RACINE.	Fig. des TEMPS.	Actif.	Passif.
Infinit.	Aimer,	Être aimé.	Amare.	»	»	Amari.
Imparfait du subjonctif. que J'aimasse,	fusse		Amare	»	m	r.
tu aimasses,	fusses				s	ris, re.
il aimât ;	fût				t	tur.
nous aimassions,	fussions				mus	mur.
vous aimassiez,	fussiez				tis	mini.
ils aimassent.	fussent				nt	ntur.
Imparfait de l'indicatif. J'aimais,	étais		Am	aba	m	r.
tu aimais,	étais				s	ris, re.
il aimait ;	était				t	tur.
nous aimions,	étions				mus	mur.
vous aimiez,	étiez				tis	mini.
ils aimaient,	étaient				nt	ntur.
Subj. prés. que J'aime,	sois		Am	e	m	r.
tu aimes,	sois				s	ris, re.
il aime ;	soit				t	tur.
nous aimions,	soyons				mus	mur.
vous aimiez,	soyez				tis	mini.
ils aiment.	soient.				nt	ntur.
Futur simple. J'aimerai,	serai		Am		abo	abor.
tu aimeras ;	seras				abis	aberis, abere.
il aimera ;	sera			abi	t	tur.
nous aimerons,	serons				mus	mur.
vous aimerez,	serez				tis	mini.
ils aimeront.	seront				abunt	abuntur.
Indicatif prés. J'aime,	suis		Am		o	or.
tu aimes,	es			a	s	ris, re.
il aime ;	est				t	tur.
nous aimons,	sommes				mus	mur.
vous aimez,	êtes				tis	mini.
ils aiment.	sont				nt	ntur.
Impératif. Aime,	sois		Am	a	{ » , to	re.
qu'il aime ;	qu'il soit				to	tor.
aimons,	soyons				emus	emur.
aimez,	soyez				{ te , tote	emini.
qu'ils aiment.	qu'ils soient				nto	ntor.
Participe présent actif, Aimant.			Am	a	ns	
Participe futur passif, devant être aimé, qui doit, qui devrait être aimé.			am	a		ndus. nda. ndum.
Gérondifs. D'aimer, amandi ; en aimant, amando; pour aimer, amandum.						

(Vertical annotations printed between the French Passif and Latin columns, one per tense block: "aimé." and "aimés.")

CONJUGAISON.

RACINE 3, Amav. 4, Amat.

Temps.	Actif.	Passif.	Racine.	Fig. des Temps.	Actif.	Passif.	
Parf. de l'inf.	*Avoir aimé.*	*Avoir été aimé.*	Amav	isse	»	Amat-um, -am-esse, ou fuiss-e.	
Plusque-parfait du subjonct. que *J'eusse*		été aimé.	Amav	isse	m	amat-us.	avec esse ou fuissem.
tu eusses					s	f.... a.	
il eût					t		
nous eussions		été aimés.			mus	amat-i.	
vous eussiez					tis	f.... æ.	
ils eussent					nt		
Imparfait de l'indicatif *J'avais*		été aimé.	Amav	era	m	amat-us.	avec eram ou fueram.
tu avais					s	f.... a.	
il avait					t		
nous avions		été aimés.			mus	amat-i.	
vous aviez					tis	f.... æ.	
ils avaient					nt		
Parfait du subjonctif. que *J'aie*		été aimé.	Amav	eri	m	amat-us.	avec sim ou fuerim.
tu aies					s	f.... a.	
il ait					t		
nous ayons		été aimés.			mus	amat-i.	
vous ayez					tis	f.... æ.	
ils aient					nt		
Futur passé. *J'aurai*		été aimé.	Amav	ero / eri	ero	amat-us.	avec ero ou fuero.
tu auras					s	f.... a.	
il aura					t		
nous aurons		été aimés.			mus	amat-i.	
vous aurez					tis	f.... æ.	
ils auront					nt		
Parfait de l'indic. *J'aimai,*	ai	été aimé.	Amav		i	amat-us.	avec sum ou fui;
tu aimas,	as				isti	f.... a.	
il aima ;	a				it		
nous aimâmes,	avons	été aimés.			imus	amat-i.	
vous aimâtes,	avez				istis	f.... æ.	
ils aimèrent.	ont				{ erunt / ère		

Participe passé passif. *Aimé, ée, ayant été aimé, ou qui a été aimé.*	Amat...............	{ us. / a. / um.
Participe futur actif. *Ōevant aimer, qui aimera, ou qui doit aimer.*	Amat........	{ urus / ura / urum
Supin actif. *A aimer.*	Amat	um
Supin passif. *A être aimé.*	Amat	u.

TABLEAU DES SECONDE CONJUGAISON.

RACINE 1, Monere. 2, Mone.

TEMPS.	Actif.	Passif.	(part.)	RACINE.	Fig. des TEMPS.	Actif.	Passif.
Infinit.	*Avertir.*	*Être averti.*		Monere.	»	»	*Moneri.*
Imparfait du subjonctif, que	*J'avertisse,*	*fusse*	*averti*	Monere	»	m	r.
	tu avertisses,	*fusses*	*averti*			s	ris, re.
	il avertit ;	*fût*	*averti*			t	tur.
	no. avertissions,	*fussions*	*avertis*			mus	mur.
	vous avertissiez,	*fussiez*	*avertis*			tis	mini.
	ils avertissent.	*fussent*	*avertis*			nt	ntur.
Imp. de l'indic.	*J'avertissais,*	*étais*	*averti*	Mone	ba	m	r.
	tu avertissais,	*étais*	*averti*			s	ris, re.
	il avertissait ;	*était*	*averti*			t	tur.
	no. avertissions,	*étions*	*avertis*			mus	mur.
	vous avertissiez,	*étiez*	*avertis*			tis	mini.
	ils avertissaient.	*étaient*	*avertis*			nt	ntur.
Subj. prés. que	*J'avertisse,*	*sois*	*averti*	Mone	a	m	r.
	tu avertisses,	*sois*	*averti*			s	ris, re.
	il avertisse ;	*soit*	*averti*			t	tur.
	no. avertissions,	*soyons*	*avertis*			mus	mur.
	vous avertissiez,	*soyez*	*avertis*			tis	mini.
	ils avertissent.	*soient*	*avertis*			nt	ntur.
Futur simple.	*J'avertirai,*	*serai*	*averti*	Mone	»	bo	bor.
	tu avertiras,	*seras*	*averti*			bis	beris, bere.
	il avertira ;	*sera*	*averti*		bi	t	tur.
	nous avertirons,	*serons*	*avertis*			mus	mur.
	vous avertirez,	*serez*	*avertis*			tis	mini.
	ils avertiront.	*seront*	*avertis*		»	bunt	buntur.
Indic. présent.	*J'avertis,*	*suis*	*averti*	Mone	»	o	or.
	tu avertis,	*es*	*averti*			s	ris, re.
	il avertit ;	*est*	*averti*			t	tur.
	nous avertissons,	*sommes*	*avertis*			mus	mur.
	vous avertissez,	*êtes*	*avertis*			tis	mini.
	ils avertissent.	*sont*	*avertis*			nt	ntur.
Impératif.	*Avertis,*	*sois*	*averti*	Mone	»	»	re.
	qu'il avertisse ;	*qu'il soit*	*averti*			to	tor.
	avertissons,	*soyons*	*avertis*			to	tor.
						amus	amur.
	avertissez,	*soyez*	*avertis*			te / tote	mini.
	qu'ils avertissent	*qu'ils soient*	*avertis*			nto	ntor.

Partic. présent actif, *Avertissant.* Mone — ns

Participe futur passif, *devant être averti, qui doit, qui devait être averti.* } Mone — ndus. nda. ndum.

Gérondifs. Monendi, *d'avertir ;* monendo, *en avertissant ;* monendum, *à avertir.*

RACINE 1, Legere. 2, Leg.

Temps.	Actif.	Passif.	Racine.	Fig. des Temps.	Actif.	Passif.
Infinit.	*Lire.*	*Être lu.*	Legere.	»	»	*Legi.*
Imparfait du subjonctif que *Je lusse,* *tu lusses,* *il lût;* *nous lussions,* *vous lussiez,* *ils lussent.*	*Je lusse,* *tu lusses,* *il lût;* *nous lussions,* *vous lussiez,* *ils lussent.*	*fusse* *fusses* *fût* *fussions* *fussiez* *fussent* (*lu* / *lus*)	Legere	»	m s t mus tis nt	r. ris, re. tur. mur. mini. ntur.
Imparf. de l'ind.	*Je lisais,* *tu lisais,* *il lisait;* *nous lisions,* *vous lisiez,* *ils lisaient.*	*étais* *étais* *était* *étions* *étiez* *étaient* (*lu* / *lus*)	Leg	eba	m s t mus tis nt	r. ris, re. tur. mur. mini. ntur.
Subj. prés. que	*Je lise,* *tu lises,* *il lise;* *nous lisions,* *vous lisiez,* *ils lisent.*	*sois* *sois* *soit* *soyons* *soyez* *soient* (*lu* / *lus*)	Leg	a	m s t mus tis nt	r. ris, re. tur. mur. mini. ntur.
Futur simple.	*Je lirai,* *tu liras,* *il lira;* *nous lirons,* *vous lirez,* *ils liront.*	*serai* *seras* *sera* *serons* *serez* *seront* (*lu* / *lus*)	Leg	e	am s t mus tis nt	ar. ris, re. tur. mur. mini. ntur.
Indicatif présent	*Je lis,* *tu lis,* *il lit;* *nous lisons,* *vous lisez,* *ils lisent.*	*suis* *es* *est* *sommes* *êtes* *sont* (*lu* / *lus*)	Leg	i	o is t mus tis unt	or. eris, re. tur. mur. mini. untur.
Impératif	*Lis,* *qu'il lise;* *lisons,* *lisez,* *qu'ils lisent.*	*sois* *qu'il soit* *soyons* *soyez* *qu'ils soient* (*lu* / *lus*)	Leg	i	e to amus { te / tote unto	ere. tor. amur. imini. untor.

Participe présent actif, *Lisant.* — Leg — ens

Participe futur passif, *Devant être lu, qui doit, qui devait être lu.* — } Leg — endus, enda, endum.

Gérondifs, Legendi, *de lire;* legendo, *en lisant;* legendum, *à lire.*

Nota. Les finales des huit derniers temps sont les mêmes dans tous les verbes. Prenez-les dans la première conjugaison.

QUATRIÈME CONJUGAISON.

RACINE 1, Audire. 2, Audi.

Temps.	Actif.	Passif.		Racine.	Fig. des Temps.	Actif.	Passif.
Infinit.	*Entendre.*	*Être entendu.*		Audire.	»	»	*Audiri.*
Imparfait du subjonctif, *que*	J'entendisse, tu entendisses, il entendit ; n. entendissions, v. entendissiez, ils entendissent.	fusse fusses fût fussions fussiez fussent	*enten-du. / enten-dus.*	Audire	»	m s t mus tis nt	r. ris, re. tur. mur. mini. ntur.
Imparf. de l'ind.	J'entendais, tu entendais, il entendait ; nous entendions, vous entendiez, ils entendaient.	étais étais était étions étiez étaient	*enten-du. / enten-dus.*	Audi	eba	m s t mus tis nt	r. ris, re. tur. mur. mini. ntur.
Subj. prés. *que*	J'entende, tu entendes, il entende ; nous entendions, vous entendiez, ils entendent.	sois sois soit soyons soyez soient	*enten-du. / enten-dus.*	Audi	a	m s t mus tis nt	r. ris, re. tur. mur. mini. ntur.
Futur simple.	J'entendrai, tu entendras, il entendra ; nous entendrons, vous entendrez, ils entendront.	serai seras sera serons serez seront	*enten-du. / enten-dus.*	Audi	e	am s t mus tis nt	ar ris, re. tur. mur. mini. ntur.
Indicat. présent.	J'entends, tu entends, il entend ; nous entendons, vous entendez, ils entendent.	suis es est sommes êtes sont	*enten-du. / enten-dus.*	Audi	»	o s t mus tis unt	or. ris, re. tur. mur. mini. untur.
Impératif.	entends, qu'il entende ; entendons, entendez, qu'ils entendent.	sois qu'il soit soyons soyez qu'ils soient	*entendus. entendu.*	Audi	»	» / to to amus te / tote unto	re. tor. tor. amur. mini. untor.
Participe présent actif, *Entendant.*				Audi		ens	
Participe futur passif, *Devant entendre, qui doit, qui devait être entendu.*				Audi			endus. enda. endum.

Gérondifs. Audiendi, *d'entendre* ; audiendo, *en entendant* ; audiendum, *à entendre.*

VARIÉTÉ DE LA TROISIÈME CONJUGAISON.

Les Verbes en............ { ere, *comme* accipere, io, *recevoir*, se conjuguent au présent de l'indicatif et à l'impératif de la manière suivante :

TEMPS.	Actif.	Passif.	RACINE.	Actif.	Passif.
Indic. présent. *reçu.*	*Je reçois,*	*suis*	Accipi	o	or.
	tu reçois,	*es*	accip	is	eris, ere.
	il reçoit;	*est*	accipi	t	tur.
	nous recevons,	*sommes*		mus	mur.
	vous recevez,	*êtes*		tis	mini.
	ils reçoivent.	*sont*		unt	untur.
Impératif. *reçu.*	*Reçois,*	*sois*	Accip	e	ere.
	qu'il reçoive;	*qu'il soit*	accipi	to	tor.
	recevons,	*soyons*		to	tor.
				amus	amur.
	recevez,	*soyez*		{ te, tote	mini.
	qu'ils reçoivent.	*qu'ils soient*		unto	untor.

Les autres temps se forment d'après le même mécanisme que ceux de *legere.*

Nota. Les Verbes déponents se conjuguent en français comme les verbes actifs, et en latin comme les verbes passifs.

VERBES IRRÉGULIERS.

Porter.		*Vouloir.*	*Ne voul. pas.*	*Aimer mieux.*	*Aller.*	*Pouv.*	*Servir.*
Fer-re,	ri	Velle	Nolle	Malle	qu-Ire	Posse	Prod-esse.
fer-o,	or,	vol-o	nol-o	mal-o	eo	pos-	pro-sum.
fer-s,	ria	vis	non vis	mavis	is	pot-	prod-es.
fer-t,	tur	vult	non vult	mavult	it	pot-	prod-est.
feri-mus,	mur	volumus	nolumus	malumus	imus	pos-	pro-sumus.
fer-tis,	mini	vultis	non vultis	mavultis	itis	pot-	prod-estis.
ferun-t,	tur	volunt	nolunt	malunt	eunt	pos-	pro-sunt.

Présent subj.	*Imparf. indic.*	*Imparf. subj.*	*Futur.*	*Impératif.*	
Feram	ferebam	ferre-m	fer-am		
vel-im, is, it,	volebam	velle-m	vol-am	. . . .	
nol-im, is, it,	nolebam	nolle-m	nol-am	fer	i.
mal-im, is, it,	malebam	malle-m	mal-am	fer-to	ito.
eam	ibam	ire-m	ib-o, is	fer-amus	eamus.
pos-sim	pot-eram	posse-m	pot-ero	fer-te	ite.
pro-sim	prod-eram	prodesse-m	prod-ero	ferunto	eunto.

Pud poenit tæd miser pig	{ ere, eret, ebat, eat, ebit, et, uisse, uisset, uerat, uerit, uit.

EXERCICES

PRÉLIMINAIRES

SUR LES DÉCLINAISONS.

NOMS RÉGULIERS DE LA 1re DÉCLINAISON.
Voyez le tableau des déclinaisons, page 1.

1.

La belette (*mustela*) ; de la pluie (*pluvia*); ô
plume (*pluma*) ; du poëte (*poeta*) ; à la poule
(*gallina*) ; la province (*provincia*) ; de la proie
(*præda*) ; aux belettes [1] ; les plumes ; ô poëtes ;
aux poules ; des provinces ; les rixes (*rixa*) ; de
l'absence (*absentia*) ; des ailes (*ala*); l'air (*aura*);
ô âme (*anima*) ; de l'amitié (*amicitia*) ; des am-
phores (*amphora*) ; les baleines (*balœna*) ; des
bottes (*ocrea*) ; ô causes (*causa*); les cigales
(*cicada*).

---

[1]. On a omis le latin des mots déjà employés.

NOMS IRRÉGULIERS DE LA 1re DÉCLINAISON.

2.

abl.
De la maîtresse (*domina*) ; ô fille (*filia*) ; la
acc.
jument (*equa*) ; à la servante (*famula*) ; les com-
abl.   acc.
pagnes (*socia*) ; aux filles ; des juments ; les ânesses
gén.   acc.
(*asina*) ; de la musique (*musice*) ; la comète
abl.   acc.   gén.
(*cometes*) ; de la comète ; la musique ; de la gram-
acc
maire (*grammatice*) ; Enée (*Æneas*) ; à Enée ;
abl.   acc.   gén.
d'Énée ; Syracuse (*Syracusæ*) ; du marché (*nun-*
acc.
dinæ) ; à Athènes (*Athenæ*) ; le lecteur (*ana-*
gnostes).

NOMS RÉGULIERS DE LA 2e DÉCLINAISON.

3.

gén.
A l'aiguillon (*aculeus*) ; de l'ambitieux (*am-*
acc.   abl.
bitiosus) ; le loup (*lupus*) ; de l'ami (*amicus*) ;
acc.   acc.
les années (*annus*) ; l'astucieux (*astutus*) ; ô
gén.
baudet (*asinus*) ; des aiguillons ; aux ambitieux ;
abl.   acc.
des cuisiniers (*coquus*) ; les coqs (*gallus*) ; ô

nom.
cyniques (*cynicus*) ; les dangers (*periculum*) ;
abl.   nom.
du délit (*delictum*) ; les éléments (*elementum*) ;
acc.
l'empressement (*studium*) ; ô engourdissement
abl.
(*veternum*) ; de l'ennui (*tædium*) ; aux entreprises (*inceptum*) ; les études (*studium*) ; des
abl.
génies (*ingenium*) ; ô exemples (*exemplum*) ;
acc.
les fonctions (*munia*).

NOMS IRRÉGULIERS DE LA 2ᵉ DÉCLINAISON.

4.

abl.   acc.   nom.
Du fils (*filius*) ; le génie (*genius*) ; les dieux
abl.
(*deus*) ; aux fils ; des dieux ; ô agneaux
nom.   gén.
(*agnus*) ; les chœurs (*chorus*) ; des dieux ;
acc.   gén.   abl.
Orphée (*Orpheus*) ; des agneaux ; d'Orphée ; les
acc.   abl.   abl.
chœurs ; ô Orphée ; des agneaux ; d'Orphée ;
gén.
aux chœurs ; ô génie ; du fils ; aux dieux ; ô
acc.
agneau ; les lieux (*locus*).

NOMS RÉGULIERS DE LA 3ᵉ DÉCLINAISON.

5.

gén.   acc.
Du juge (*judex*) ; le lion (*leo*) ; ô lièvre

abl.   acc.
(*lepus*); de la liberté (*libertas*); le juge; au

gén.   acc.
lièvre; des lions; les lièvres; ô liberté; des

gén,   abl.   nom.
juges; ô lions; des lièvres; les juges.

NOMS IRRÉGULIERS DE LA 3ᵉ DÉCLINAISON.

6.

acc.   abl.
La clef (*clavis*); du navire (*navis*); à la tour

acc.   abl.
(*turris*); l'hérésie (*hæresis*); des clefs; des

gén.   acc.   gén.
hérésies; les tours; des héros (*heros*); de la

gén.   acc.   acc.
lampe (*lampas*); la tyrannie (*tyrannis*); la nuée

gén.
(*nubes*); des chiens (*canis*); aux croix (*crux*);

gén.
des nuées; aux montagnes (*mons*); les pains

abl.
(*panis*); aux grues (*grus*); du voleur (*fur*);

acc.
le poëme (*poema*); aux bœufs (*bos*); le bœuf;

gén.   acc.   abl.
des voleurs (*fur*); le tigre (*tigris*); de la toux

abl.
(*tussis*); les navires; des poupes (*puppis*); le

acc.   acc.
bœuf; la poupe; les poëmes; les hérésies; ô

abl.
noix (*nux*); des hérésies, aux poëmes.

NOMS RÉGULIERS DE LA 4ᵉ DÉCLINAISON.

7.

abl.
A la main (*manus*) ; des chutes (*casus*) ; le
gén.   abl.
visage (*vultus*) ; du char (*currus*) ; de la course
abl.   acc.
(*cursus*) ; par la crainte (*metus*) ; le degré (*gra-*
gén.   acc.
dus) ; des plaintes (*questus*) ; le sein (*sinus*) ; ô
abl.
mains ; aux courses ; des degrés.

NOMS IRRÉGULIERS DE LA 4ᵉ DÉCLINAISON.

8.

acc.
L'arc (*arcus*) ; aux membres (*artus*) ; des
abl.   acc.
chênes (*quercus*) ; les tribus (*tribus*) ; à la broche
(*veru*) ; aux enfantements (*partus*) ; la corne
gén.
(*cornu*) ; aux broches ; des maisons (*domus*) ;
acc.   abl   gén.
Jésus (*Jesus*) ; des cornes ; ô maisons ; de l'enfan-
abl.   abl.
tement ; du lac (*lacus*) ; ô Jésus ; de la maison ;
acc.   gén.   nom.
aux cornes ; les maisons ; des arcs, les broches ;
abl.   acc.
des lacs ; le chêne.

NOMS DE LA 5ᵉ DÉCLINAISON.

9.

acc.   gén.
Le jour (*dies*) ; de la chose , (*res*) ; les races

(*progenies*) ; aux apparences (*species*) ; les faces
abl.   gén.
(*facies*) ; des choses ; ô apparences ; des races ;
abl.   acc.   gén.
des jours ; la glace (*glacies*) ; de l'armée (*acies*) ;
acc.   acc.
la foi (*fides*) ; ô chose ; les armées ; à la foi ;
abl.
les glaces ; de la glace ; aux jours.

RÉCAPITULATION.

NOMS DES CINQ DÉCLINAISONS.

Les cas douteux seront mis à volonté.

10.

La maîtresse (*domina*) ; des poëtes (*poeta*) ;
ô aliment (*alimentum*) ; par l'amitié (*amicitia*) ;
ô filles (*filia*) ; aux caresses (*blanditia*) ; la
comète (*cometes*) ; de la musique (*musice*) ; les
aiguillons (*aculeus*) ; des cyniques (*cynicus*) ;
aux cuisiniers (*coquus*) ; les études (*studium*) ;
aux fonctions (*munus*) ; des exemples (*exemplum*) ; l'ennui (*tædium*) ; des études ; les

fils (*filius*); ô dieux (*deus*); d'Orphée (*Orpheus*); des chœurs (*chorus*); les fonctions (*munia*); des agneaux (*agnus*); les juges (*judex*); ô lièvres (*lepus*); de la liberté (*libertas*); les entreprises (*inceptum*); aux empressements (*studia*); les lions (*leo*); aux juges; le lièvre; les tours (*turris*); du juge; le lion; ô liberté; la clef (*clavis*); aux tours; de la lampe (*lampas*); à la tyrannie (*tyrannis*); des nuées (*nubes*); aux montagnes (*mons*); aux grues (*grus*); des pains (*panis*); ô hérésies (*hæresis*); de la poupe (*puppis*); les poëmes (*poema*); des bœufs (*bos*); la toux (*tussis*); des broches (*veru*); aux tribus (*tribus*); le fruit (*fructus*); des mains (*manus*); ô visages (*vultus*); des degrés (*gradus*); de la plainte (*questus*); les courses (*cursus*); la crainte (*metus*); de la chute (*casus*); des visages; ô chars (*currus*); à la chute; des haches (*securis*); aux cornes (*cornu*); à l'enfantement (*partus*); du lac (*lacus*); les maisons (*domus*); aux chênes (*quercus*); de Jésus (*Jésus*); à la maison; les broches; ô jours (*dies*); des faces (*facies*); les apparences (*species*); de la foi (*fides*); l'armée (*acies*); de la chose (*res*); les jours; ô foi; les glaces (*glacies*); aux choses.

EXERCICES

PRÉLIMINAIRES

SUR LES VERBES.

Tout verbe s'accorde en nombre et en personne avec son nominatif ou sujet.

Exemples : Je suis, *ego sum ;* tu es, *tu es ;* il est, *ille est ;* nous sommes, *nos sumus ;* vous êtes, *vos estis ;* ils sont, *illi sunt.*

Ego est du singulier ; *sum* est aussi du singulier. *Ego* est de la première personne ; *sum* est aussi de la première personne, etc.

Remarque. On sous-entend ordinairement le pronom nominatif.

VERBES ACTIFS ET NEUTRES.

PREMIÈRE CONJUGAISON.

Infinitif, *are ;* seconde pers. du présent de l'indicatif, *as.*

1.

L'homme, *hom-o, inis.* m. — Appeler, *voc-are, o, as, avi, atum.* a.

L'homme appelait ; il appellera ; il a appelé ; il appellerait [1] ; qu'il eût appelé. — Les hommes

---

1. Les *conditionnels* français se rendent en latin : le *conditionnel présent* par l'*imparfait,* et le *conditionnel passé* par le *plus-que-parfait* du *subjonctif.*

appellent ; ils auront appelé ; qu'ils aient appelé.
— Nous avions appelé ; vous appelâtes ; que tu
appelles ; appelez. — Appelant ; avoir appelé ;
devant appeler.

2.

La voix, *vox, cis.* f. — Résonner, *son-are*, *o*, *as*, *ui*,
itum. n. [1].

Les voix résonnèrent ; elles auraient résonné ;
elles avaient résonné ; qu'elles résonnent — la
voix résonne ; elle aura résonné ; qu'elle réson-
nât ; elle a résonné. — Résonner ; en résonnant ;
avoir dû résonner. — Nous résonnions ; réson-
nez ; vous eûtes résonné.

SECONDE CONJUGAISON.

Infinitif, *ēre;* seconde personne du présent de l'indic., *es.*

3.

Le maître, *magis-ter*, *tri.* m. — Instruire, *doc-ere*,
eo, *es*, *ui*, *tum.* a.

Les maîtres instruisaient ; ils auront instruit ;
ils ont instruit ; qu'ils eussent instruit. — Le
maître instruisit ; qu'il instruise ; il avait instruit.
— D'instruire ; qu'il avait instruit ; qui devait
instruire. — Que nous instruisissions ; que j'eusse
instruit ; vous instruisîtes ; j'avais instruit ; qu'ils
instruisent.

----

1. Les verbes *neutres* sont ceux qui n'ont pas de passif. Ils se conjuguent comme les verbes actifs, excepté
quelques-uns appelés verbes *neutres passifs*, dont les
temps composés suivent en latin la conjugaison passive.
Plusieurs en français se conjuguent avec *être* au lieu
d'*avoir : je suis venu*, au lieu de *j'ai venu.*

4.

Le sage , *sapiens* , *t-is.* m. — Se taire, *tac-ere* , *eo, es* , *ui, itum.* n.

'Le sage s'est tu ; il se taira ; il se tait ; qu'il se taise. — Taisez-vous ; nous nous sommes tus ; je me tairais ; que vous vous fussiez tus. — A se taire ; qui se taisait ; qui doit se taire ; qu'il se taisait. — Les sages se seront tus ; ils se taisent ; qu'ils se soient tus ; ils se seraient tus.

TROISIÈME CONJUGAISON.

Infinitif, *ĕre,* seconde personne du présent de l'indic., *is.*

5.

Le soldat , *mil-es* , *it-is.* m. — Tuer, *occid-erc* , *o, is, i,* *occisum.* a.

Le soldat avait tué ; il aurait tué ; il tuait ; il aura tué ; qu'il tuât. — Les soldats eurent tué ; ils avaient tué ; qu'ils aient tué ; qu'ils tuent ; ils tuent. — Tuer ; en tuant , qu'il eût tué ; qu'il avait tué. — Vous tuiez ; nous tuâmes , il tuera ; que vous ne tuiez point [1].

6.

Le corbeau, *corv-us,* *i.* m. — Vivre , *viv-ere* , *o, is,* *vixi , victum.* n.

Le corbeau a vécu ; il aura vécu ; qu'il vécût ; il vit ; il aurait vécu. — Vivant ; avoir dû vivre ; qui doit vivre ; pour vivre. — Vous vivons ; vous aurez vécu ; que j'aie vécu ; nous avions vécu ; vivez. — Les corbeaux auront vécu ; ils vivent ; ils ont vécu ; ils ne vivraient point.

---

1. *Ne pas* ou *ne point* se traduit en latin par *non* , et quelquefois par *haud,* que l'on met toujours avant le verbe.

QUATRIÈME CONJUGAISON.

Infinitif, *ire;* seconde personne du présent de l'indic., *is.*

7.

L'ennemi, *host-is*, *is.* m. — Fortifier, *mun-ire*, *io*, *is*, *ivi*, *itum.* a.

Les ennemis fortifieront; ils ont fortifié; ils auraient fortifié; qu'ils fortifient. — Nous eûmes fortifié; vous n'avez pas fortifié; je fortifiais; que vous fortifiassiez. — L'ennemi fortifie; qu'il ait fortifié; il aura fortifié; il fortifia. — Avoir fortifié; qu'il fortifierait; fortifiant; en fortifiant.

8.

L'ami, *amicus*, *i.* m. — Venir, *ven-ire*, *io*, *is*, *i*, *tum.* n.

Ses amis étaient venus; ils seraient venus; qu'ils vinssent; ils viendront. — L'ami fut venu; qu'il vienne; il ne venait pas; qu'il fût venu. — Vous venez; je serai venu; que je sois venu; venons; nous venons. — De venir; avoir du venir; qui vient; qu'il viendra; qu'il devait venir.

VERBES ACTIFS ET DÉPONENTS.

PREMIÈRE CONJUGAISON. — Infin. *ari.*

9.

L'homme, *homo*, *inis.* m. Appeler.

L'homme était appelé, il sera appelé; il avait été appelé; qu'il soit appelé. — Les hommes ont été appelés; ils auraient été appelés; qu'ils aient été appelés; ils auront été appelés. — Que nous soyons appelés ; soyez appelés ; que nous fussions appelés ; je suis appelé. — Qu'il avait été appelé ; qu'il eût été appelé ; à être appelé ; qui doit être appelé.

10.

Le général, *du-x, ci-s.* m. — Exhorter, *hort-ari, or, aris, atus sum.* d.

Les généraux exhortaient ; ils avaient exhorté ; qu'ils aient exhorté ; ils exhortaient ; ils ont exhorté ; qu'ils eussent exhorté. — Le général a exhorté ; il exhortera, qu'il exhorte ; il exhorta ; qu'il ait exhorté. — Exhortons, je n'exhorterai pas ; vous exhortiez ; j'aurais exhorté ; vous exhortâtes. — Devoir exhorter ; à être exhorté, qu'il eût exhorté, qui a exhorté.

SECONDE CONJUGAISON. — Infin. *eri.*

11.

L'enfant, *puer, i.* m. — Instruire.

L'enfant avait été instruit ; il eut été instruit ; il aurait été instruit ; qu'il soit instruit. — Les enfants étaient instruits ; qu'ils fussent instruits ; ils seront instruits ; ils auraient été instruits. — Soyez instruits ; que je fusse instruit ; vous êtes instruits ; tu auras été instruit. — A être instrnit ; qu'il a été instruit ; avoir dû être instruit ; devant être instruit.

12.

Le magistrat, *magistrat-us, ús.* m. — Craindre, *vereri, eor, eris, itus sum.* d.

Les magistrats avaient craint ; ils auraient craint

ils craindront; ils craignaient. — Le magistrat craint; il aurait craint; qu'il craigne; il aura craint. — Craignez; nous craignîmes; que tu aies craint; vous ne craignez point. — Qui avait craint; qu'il eût craint; avoir craint; à craindre; qui craindra.

TROISIÈME CONJUGAISON. — Infin. *i*.

13.

Les soldats, *mil-es*, *itis*. m. — Tuer.

Le soldat a été tué; il sera tué; il aurait été tué; qu'il soit tué. — Que les soldats aient été tués; ils furent tués; qu'ils fussent tués; ils avaient été tués. — Vous seriez tués; soyons tués; je serai tué; vous êtes tués; nous ne serions pas tués. — Avoir été tué; ayant été tué; qui doit être tué.

14.

L'enfant, *puer*, *i*. m. — Naître, *nasc-i*, *or*, *eris*, *natus sum*, participe fut. *nasciturus*. d.

L'enfant étant né; en naissant; devant naître; qui naissait. — Les enfants seront nés; ils naîtraient; ils naissent; ils seraient nés. — Naissez; que nous naissions; j'étais né; vous naîtrez; qu'ils naissent. — L'enfant naît; qu'il naquît; il n'était pas né; il naquit.

QUATRIÈME CONJUGAISON. — Infin. *iri*.

15.

La ville, *urb-s*, *is*. f. — Fortifier.

Les villes étaient fortifiées; elles seront fortifi :   es eurent été fortifiées; qu'elles soient fortifiées.—Je serais fortifié; vous fûtes fortifiés; soyons fortifiés. — La ville aurait été fortifiée; elle n'aura pas été fortifiée; qu'elle fût fortifiée; — Les villes devant être fortifiées [1]; qui ont été fortifiées; avoir été fortifié; à être fortifié.

16.

Le frère, *frat-er*, *ris*, m. — Partager, *part-iri*, *ior*, *iris*, *itus sum*. d.

Le frère a partagé; il partage; il partagerait; qu'il eût partagé. — Les frères avaient partagé; ils eurent partagé; qu'ils partageassent; qu'ils aient partagé. —Je partagerai; partageons; vous partagez; vous n'aviez point partagé. — Pour partager; avoir dû partager; les frères partageant; qui partageront.

EXERCICES SUR LES QUATRE CONJUGAISONS DES VERBES ACTIFS, PASSIFS, NEUTRES ET DÉPONENTS.

18.

Le pauvre, *paup-er*, *eris*. m. — Prier, *rog-are*, *o*, *as*, *avi*, *atum*, n.

Le riche, *div-es*, *itis*. m. — Abonder, *abund-are*, *o*, *as*, *avi*, *atum*. n.

L'avare, *avar-us*, *i*, m. — S'abstenir, *abstin-ere*, *eo*, *es*, *ui*, *abstentum*. n.

L'auteur, *auctor*, *is*. m. — Effacer, *del-ere*, *eo*, *es*, *evi*, *etum*. a.

Les auteurs effacèrent; le pauvre priera; les

---

1. Les participes sont des adjectifs qui viennent des verbes. Ils s'accordent en genre, en nombre et en cas avec le nom auquel ils sont joints. L'enfant écoutant, *puer audiens*; les enfants écoutant, *pueri audientes*.

Thèmes.—Huitième, Elèves.   2

avares ont été priés ; le riche abondait ; ils seraient
effacés. — Vous vous abstîntes, je me serais abste-
nu ; nous fûmes effacés ; que je fusse prié ; nous
aurions abondé ; abstenez-vous. — L'avare s'abste-
nait ; les riches auront été priés ; les auteurs n'a-
vaient pas effacé. — A effacer ; qu'il s'abstiendra ;
pour prier ; qui doit abonder.

Le voleur, *latro*, *nis.* m. — Prendre, *cap-ere*, *io*, *is*,
cepi, *tum.* a.

Le courtisan, *aulic-us*, *i.* m. — Ramper, *rep-ere*, *o*,
is, *repsi*, *tum.* n.

Le portier, *janitor*, *is.* m. — La porte, *por-ta*, *æ.* f.
— Ouvrir, *aper-ire*, *io*, *is*, *ui*, *tum.* a.

Le fermier, *villic-us*, *i.* m. — Sortir, *ex-ire*, *eo*, *is*,
ivi, *itum.* n.

Le voleur sera pris ; les courtisans ont rampé ;
le portier avait ouvert ; les fermiers sortiraient ;
les portes avaient été ouvertes ; que les voleurs
soient pris ; le fermier sortit ; les portiers auraient
ouvert ; le courtisan rampera. — Nous aurions
été pris ; les portes ne furent pas ouvertes ; je ne
ramperai pas. — Les voleurs prenant ; les portiers
devant ouvrir ; les portes devant être ouvertes ;
les courtisans devant ramper.

19.

Le prêtre, *sacerd-os*, *otis.* m. — Méditer, *medit-ari*,
or, *aris*, *atus sum.* d.

Le coupable, *re-us*, *i.* m. — Avouer, *fat-eri*, *eor*,
eris, *fassus sum.* d.

La femme, *muli-er*, *eris.* f. — Parler, *loqu-i*, *or*, *eris*,
locutus sum. d.

Le marchand, *mercator*, *is.* m. — Mesurer, *met-iri*, *ior*, *iris*, *mensus sum.* d.

Les prêtres méditeront; les femmes auront parlé; le coupable avouera. — Le marchand aurait mesuré; que les prêtres eussent médité. — Nous avions parlé; vous aurez médité. — J'ai avoué; mesurez; nous n'avouerons pas. — Les coupables avouant; le prêtre qui méditerait; les femmes qui parleront; le marchand qui a mesuré. — Avoir parlé; à être mesuré; à méditer; pour avouer.

20.

Mots déjà employés.

Les femmes parleraient; les avares se sont abstenus; les prêtres auraient médité; le courtisan n'a pas rampé; les portiers étaient sortis; l'auteur n'effacera rien [1]. — Que je parle; mesurons; abstiens-toi; avouez; rampons; qu'ils prient; qu'ils soient priés.—Les voleurs avaient été pris; nous eussions été priés; vous auriez avoué; nous priâmes; j'ouvrirai; ils seront priés; qu'ils aient parlé; nous avouerons, ils abondent.

21.

Mots déjà employés.

Je prierais; il abondera; nous prendrons; vous avez rampé; tu es sorti, il a ouvert. — Nous parlâmes; vous eûtes médité; ils seront effacés; ils

---

1. *Ne..... rien* se traduit en latin par *nihil*, qu'on met toujours avant le verbe.

furent ouverts; qu'ils fussent pris; ils ont été priés; j'ai mesuré; ils avouent. — De s'abstenir; pour prendre; qu'il parlait; ayant été prié; devant prier; qui doit être effacé; avoir mesuré; qu'il avait rampé; en sortant; qui devait prendre.

22.

Fendre, *find-ere*, *o*, *is*, *fidi*, *fissum*. — Dessiner, *deline-are*, *o*, *as*, *avi*, *atum*. — Attirer, *pellic-ere*, *io*, *is*, *pellexi*, *pellectum*. — S'appuyer, *nit-i*, *or*, *eris*, *nixus sum*.

Il a attiré; j'aurai dessiné, nous nous appuierons; vous avez fendu; tu aurais attiré; dessine; que tu te sois appuyé; ils avaient fendu; que j'eusse attiré; vous dessineriez; nous nous appuyâmes; attirons; que tu fendisses; ils dessinaient; devant fendre; à dessiner; elles se sont appuyées; fendez; qu'ils s'appuient; nous aurions dessiné; avoir attiré; en dessinant.

———

VERBES IRRÉGULIERS.

On appelle irréguliers les verbes qui, dans quelques-uns de leurs temps ou quelques-unes de leurs personnes, se conjuguent autrement que ceux qui précèdent.

Verbes neutres passifs.

L'écolier, *discipul-us*, *i.* m.

Oser, *aud-ere*, *eo*, *es*, *ausus sum*.
Avoir coutume, *sol-ere*, *eo*, *es*, *solitus sum*.

23.

Les écoliers ont osé ; ils oseraient ; ils auraient
osé ; qu'ils aient osé ; ils oseront.—L'écolier avait
osé ; qu'il eût osé ; il ose ; il a osé. — Que j'osasse ;
tu auras osé ; que nous ayons osé. — Les écoliers
avaient coutume ; ils auraient eu coutume.—Avoir
eu coutume ; ayant eu coutume ; en ayant coutume ; qu'il aura coutume.

Verbe irrégulier de la troisième conjugaison.

24.

Le roi, *re-x*, *regis*. m. — Offrir, *offer-re*, *o*, *s*, *ob-
tuli*, *oblatum*.

Le roi offrirait ; il aura offert ; il offre ; il a
offert. — Les rois avaient offert ; ils offriront ; ils
auraient offert ; qu'ils offrent ; qu'ils offrissent.
—Des soldats étaient offerts ; ils avaient été offerts ;
ils furent offerts ; ils seront offerts. — Qu'un
soldat ait été offert ; il serait offert ; qu'il soit
offert ; il aura été offert. — J'eus offert ; nous
aurions offert ; vous avez été offerts ; nous offri-
rons. — Avoir dû offrir ; devant être offert ; à
être offert.

Verbes Volo, Nolo, Malo, Queo.

25.

Que tu veuilles ; ne veuille pas ; qu'il aime
mieux ; que j'ai voulu ; vous auriez voulu ; vous
ne voulez pas ; vous aimeriez mieux ; nous pou-
vions ; ils ont pu ; vous aurez pu ; qu'ils aiment

mieux. — Nous aurons voulu ; vous pourrez ; ils auront aimé mieux ; ils ne pourraient pas ; que nous ayons pu ; que nous eussions aimé mieux ; que vous pussiez ; que je n'aie pas voulu. — Ne vouloir pas ; avoir mieux aimé ; voulant ; pouvoir.

Composés de Sum.

Le poison, *venen-um, i.* n.
{
Être utile, *prod-esse, pro-sum, prod-es, pro-fui.*
Être absent, *ab-esse, abs-um, ab-es, ab-fui.*
Manquer, *de-esse, de-sum, de-es, de-fui.*
}

Les poisons sont utiles ; ils seront utiles ; ils ont été utiles ; ils auraient été utiles. — Le poison avait été utile ; il aura été utile ; il était utile ; il serait utile. — Tu serais absent ; nous aurions été absents ; que vous soyez absents ; ils étaient absents ; soyez absents ; que nous fussions absents ; je ne serai pas absent. — Les soldats avaient manqué ; il eurent manqué ; ils auront manqué. — Le soldat manqua ; il aurait manqué ; qu'il ait manqué ; il manque.

Verbes *défectueux* ou mieux *défectifs*.

On appelle *défectueux* les verbes auxquels il manque plusieurs personnes ou plusieurs temps.

27.

Connaître, *novi, novisse.* — Commencer, *cœpi, cœpisse.* — Haïr, *odi, osus sum, oderam, odisse.*

Le roi a connu ; il connaîtra ; il connaissait ; qu'il connaisse. — Les rois connaissaient ; qu'ils connussent; ils connaîtront.—Vous commencez ; nous commencerons ; que tu commençasses ; commencez. — La femme haïssait ; qu'elle haïsse ; les femmes haïraient ; elles ont haï ; elles haïront. — Vous aviez haï ; nous aurions haï ; tu eus haï ; ils haïssent.

Verbes impersonnels ou mieux *unipersonnels*.

Ces verbes n'ont qu'une seule personne, la troisième du singulier, dans tous les temps.

Il plaît, *libet*. — Il convient, *decet*. — Il est clair, *liquet*. — Il est permis, *licet*.

Je me repens, *me pœnitet*; j'ai honte, *me pudet*; je suis fâché, *me piget*; je m'ennuie, *me tædet*; j'ai compassion, *me miseret*. Ces cinq derniers se conjuguent dans tous les temps avec les pronoms accusatifs *me*, *te*, *illum*, *illam* (ou un nom), au singulier, et *nos*, *vos*, *illos*, *illas* (ou un nom), au pluriel [1].

28.

Il était clair; qu'il fût clair; il plaira; qu'il ait plu; il aura été permis; il est permis; il a convenu; qu'il eût convenu; avoir convenu; il serait permis. — Ils avaient compassion ; j'aurai eu compassion ; que vous ayez compassion.—Tu avais honte ; nous avons eu honte ; il a honte ; vous aurez honte. — Nous serions fâchés ; soyez fâchés ; vous fûtes fâchés. — Que nous nous ennuyions ; je me serai ennuyé; tu te serais ennuyé; je m'ennuie.

---

1. *Me pœnitet*, pour *pœna habet me*, la peine ou le repentir me tient; *te pudet*, pour *pudor habet te*, la honte te tient; *illum tædet*, pour *tædium habet illum*, l'ennui le tient, etc.

SYNTAXE LATINE.

SYNTAXE DES NOMS.

ACCORD DES DEUX NOMS.

Ludovicus *rex*.

Deux ou plusieurs *noms*, désignant une seule et même personne, une seule et même *chose*, se mettent au même cas.

THÈME 1.

Le chien animal. La baleine poisson. La violette fleur. Le pin arbre. Le perroquet oiseau. Le marbre pierre. — Les chiens animaux. Les baleines poissons. Les violettes fleurs. Les pins arbres. Les perroquets oiseaux. Les marbres pierres. —De la ciguë poison. A Junon déesse. Des épées armes. Aux rois hommes.

Même règle.

THÈME 2.

La Normandie province. La France royaume. Le Rhône fleuve. Lyon ville. Virgile poëte. Cicéron orateur. — De la Normandie province. A la France royaume. Au Rhône fleuve. De Lyon ville. A Virgile poëte. De Cicéron orateur. — La ville d'Athènes. Le fleuve du Rhin. Le mois d'avril.

RÉGIME OU COMPLÉMENT DES NOMS.

Liber *Petri.*

Quand *de, du, des* entre *deux noms,* ne peuvent pas se tourner par *qui s'appelle*, on met le second au *génitif.*

THÈME 3.

Le créateur du monde. La providence de Dieu. La couleur de la rose. L'appareil du triomphe. Le troupeau de Mélibée. La Vénus de Praxitèle. Les victoires des Français. Les vices des hommes. Les habitants des montagnes. La fraîcheur des vallées. Le nombre des années.

Bonitas *divina.*

Souvent au lieu du *génitif* on se sert d'un *adjectif* qui a la même valeur.

THÈME 4.

La providence de Dieu (*tournez* la providence divine). La république de Rome (*tournez* la république romaine). Le peuple d'Athènes. Le jour de fête. La couleur de safran. La pourpre des rois. L'odeur d'ambroisie. La guirlande de roses. L'ouvrage de cire. L'arc de triomphe.

Puer *egregiæ indolis* ou *ingregiâ indole.*

Quand le mot qui suit *de* exprime une qualité bonne ou mauvaise, on peut mettre le nom au *génitif* ou à *l'ablatif.*

THÈME 5.

La haine d'un paysan d'un mauvais caractère. Les vers d'un poëte d'une humeur mélancolique

Le courage de la femme d'une vertu éprouvée.
La couleur de l'eau d'une saveur détestable. Les
manières de l'écolier d'une paresse insigne. La
patience du maître d'une douceur blâmable. Un
homme de grande sagesse.

Tempus *legendi*.

De, entre un nom de chose *inanimée* et un *infinitif*
français, se rend en latin par le gérondif en *di*.

THÈME 6.

Le pouvoir de nuire. L'envie d'apprendre. Le
temps d'étudier. La nécessité de plaire. La manière d'agir. La fureur de jouer. Le droit de
parler. L'audace de répondre. La cruauté de
frapper. Le plaisir d'aimer. L'habitude de mentir. La folie d'avouer. L'occasion de s'enrichir.

Tempus *legendæ historiæ*.

Si le *verbe* gouverne l'*accusatif*, il est mieux d'employer le participe en *dus*, *da*, *dum*, que l'on met au
génitif, en le faisant accorder avec le nom.

THÈME 7.

La crainte de perdre sa réputation. La honte
de montrer son ignorance. La fureur d'acquérir
des richesses. Le pouvoir d'opprimer son ennemi.
La liberté de parcourir la campagne. La nécessité d'acheter un habit. L'ennui d'apprendre la
grammaire. Le désir de bien employer son
argent.

SYNTAXE DES ADJECTIFS.

ACCORD DE L'ADJECTIF AVEC LE NOM.

Deus *sanctus*.

L'adjectif s'accorde en *genre*, en *nombre* et en *cas* avec e *nom* auquel il se rapporte.

THÈME 8.

L'hiver, saison détestable. La rose, fleur charmante. La toison de la brebis, animal très-doux. Aux médecins, hommes utiles, plus utiles, très-utiles. L'écorce des chênes, arbres durs, plus durs, très-durs. La lyre et la tête d'Orphée, musicien très-habile. Les œuvres d'Homère, poëte célèbre, plus célèbre, très-célèbre.

Même règle:

THÈME 9.

Les compositions dégoûtantes des écoliers très-paresseux. La punition terrible des hommes ingrats, impies et très-débauchés. Malheur à l'enfant obstiné et désobéissant! Les ornements magnifiques des rois très-puissants. Honneur éternel au prince éclairé, humain et généreux!

Pater et filius *boni*, mater et filia *bonæ*.

Quand un *adjectif* se rapporte à *deux noms*, on met cet adjectif au *pluriel*.

THÈME 10.

Le loup et l'agneau ennemis. Le corbeau et le

sansonnet babillards. La tante et la cousine orgueilleuses. Le roi et la berger égaux. Le peintre
et le musicien habiles, plus habiles, très-habiles.
La femme et le chatte perfides. Le général et le
soldat courageux, plus courageux, très-courageux. Le chien et le cheval très-amis.

Pater et mater *boni*. — Virtus et vitium *contraria*.

Quand un *adjectif* se rapporte à *deux noms* de *différents genres*, *l'adjectif* prend *le plus noble* des deux genres. — Quand *les deux noms* sont des noms de choses *inanimées*, l'adjectif qui s'y rapporte se met au *pluriel neutre*. (Il n'y a d'animé que les hommes et les bêtes.)

THÈME 11.

Le roi et la reine très-chéris. La fille et le père
très-irrités. La lionne et le léopard auraient été
redoutés. Un coq et une poule avaient été apportés. Le vin et l'eau contraires. Mon épée et ton
sabre ont été brisés. L'œillet et la tulipe très-
agréables ont été conservés. Le merle et le perroquet auraient été achetés. Le frère et la sœur
très-méchants. L'honneur et la gloire exposés à
la vue.

Turpe est mentiri.

L'*adjectif* qui ne se rapporte à aucun nom précédent
se met au *neutre*.

THÈME 12.

Il est agréable de se promener. Il est doux
d'être aimé. Il est toujours beau d'étudier. Il

serait très-dur d'être puni. Il n'est pas rare de tromper. Il aurait été juste de récompenser. Il est facile de parler, mais est très-difficile de bien parler. Il est bien [1] honteux de se mettre en colère. Il sera bon de ne pas dormir. Il est triste de n'avoir pas été loué.

———

Deus est *sanctus*. — Credo Deum esse *sanctum*.

L'adjectif qui suit immédiatement le verbe *sum*, se met *au même cas* que le *nom* ou *pronom* qui précède le verbe, et auquel il se rapporte. On observe la même règle après tout autre verbe, quand l'*adjectif* le suit immédiatement.

THÈME 13.

Mon sort est déplorable. Les hommes sont ingrats et méchants. La femme de mon frère est très-douce. Les sœurs d'Antoine sont bien gaies. Les vices ont toujours été communs et les vertus fort rares. Ce pommier est superbe. Ce bœuf est très-gras, mais cette génisse est bien maigre. Vos maîtres sont satisfaits. Je crois que vous êtes paresseux [2] et même très-paresseux [3].

———

1. *Bien*, *fort*, devant un adjectif, veulent cet adjectif au superlatif. *Bien honteux*, c'est-à-dire *très-honteux*.

2. Il ne faut pas toujours se servir de la conjonction *et*. Employez alternativement *ac*, *atque*, ou bien *que* qui se joint toujours à la fin d'un mot. *Et même*, *atque etiam* ou *etiamque*. *La mère et la fille*, mater *ac* filia, ou mater filia*que*.

3. En latin, on dit : *je crois vous être paresseux*.

Ego nominor *leo*. — Aristides mortuus est *pau-
per*. — Graculus rediit *mœrens*.

THÈME 14.

Ce voyageur est revenu riche et même très-
riche. La mère et la fille dorment tranquilles.
Cet homme intrépide a été surnommé *le lion*.
Mon voisin mourra pauvre ; car il n'est pas éco-
nome. Ces soldats ont été jugés très-courageux.
Théophile passait pour savant ; mais il a été
trouvé très-ignorant. Je crois que le frère n'est
pas plus habile. Je me souviens que ce guerrier
difforme était appelé Thersite ; il a toujours passé
pour le plus lâche des Grecs.

RÉGIME OU COMPLÉMENT DES ADJECTIFS.

Avidus *laudum*.

Les adjectifs *avidus*, avide ; *cupidus*, qui désire ;
studiosus, qui a du goût pour ; *peritus*, habile dans ;
expers, qui manque ; *patiens*, qui souffre ; *rudis*, qui
ne sait pas ; *memor*, qui se souvient ; *immemor*, qui ne
se souvient pas ; *plenus*, plein, etc., gouvernent le *génitif*[1].

THÈME 15.

Les ambitieux seront toujours avides d'hon-

---

1. On appelle *régime* ou *complément* d'un adjectif le
nom ou pronom français amené par *à* ou *de* à la suite de
cet adjectif. Nous indiquerons dans le dictionnaire les
cas que gouvernent les adjectifs.

neurs. L'homme sage qui désire le repos, a du goût pour la solitude. L'écolier qui manque de courage, n'est pas fort avide d'instruction. L'enfant qui ne se souvient ni de Dieu ni de ses parents, est un véritable monstre. Les grands hommes de la Grèce étaient très-habiles dans la danse et dans la musique. Cette classe paraît pleine de mouches et de petits paresseux.

***

Cupidus *videndi.*

Quand les adjectifs *avide*, etc., sont suivis d'un *infinitif* français, on met en latin cet *infinitif* au gérondif en *di.*

THÈME 16.

Les jeunes gens qui ont du goût pour la langue latine, seront toujours avides de lire les bons auteurs de l'antiquité. Mon frère était curieux de connaître les poëmes de Virgile. Tu devrais être plus avide de travailler, toi qui ne sais pas même les premiers éléments de la grammaire. O enfant plein d'orgueil, tu ne seras donc jamais curieux d'apprendre les règles de la syntaxe! Orbilius de Bénévent, précepteur d'Horace, poëte très-célèbre, fut appelé le *fouetteur*, parce qu'il était avide de battre ses écoliers.

***

Similis *patris* ou *patri.*

Similis, semblable; *par*, *æqualis*, égal; *affinis*, allié, gouvernent le *génitif* ou le *datif.*

THÈME 17.

Ma sœur n'est pas semblable à ma cousine. Ce jeune homme est allié au premier magistrat de la ville. Le soldat voudrait être égal à son général. Coriolan était très-semblable à sa mère. Les nobles indigents souffrent volontiers d'être alliés aux roturiers très-riches. César encore enfant désirait déjà être semblable à Alexandre le Grand. Ma part de l'héritage ne paraît pas égale à la part de mon frère.

Mihi utile est. — Natus *ad arma.*

Utilis, utile à ; *commodus*, avantageux à ; *infensus*, *iratus*, irrité contre ; *assuetus*, accoutumé à ; *aptus*, *idoneus*, propre à, etc., gouvernent le *datif.* Néanmoins avec *aptus*, *idoneus* et *natus*, on peut mettre l'*accusatif* avec *ad.*

Remarque. Quand ces *adjectifs* sont suivis d'un *infinitif* français, on met en latin cet *infinitif* au gérondif en *do ;* et si cet *infinitif* a un *régime*, on se sert du participe en *dus*, *da*, *dum*, que l'on fait accorder avec ce *régime.*

THÈME 18.

L'étude est avantageuse aux enfants ; mais la plupart, accoutumés au jeu, paraissent toujours irrités contre les livres. Il est glorieux pour les jeunes gens curieux d'acquérir de la sience, de ne pas être semblables aux paresseux peu propres au travail. Les Romains, accoutumés à supporter la fatigue, furent toujours très-propres à la guerre. Alexandre, né pour les armes, paraissait plus propre à vaincre qu'à gouverner. Il ne lui fut pas utile d'être adonné au vin et à la débauche.

THÈME 19.

Enfants, vous paraissez propres à supporter le

travail, et vous êtes toujours pleins de colère
quand vos maîtres, gens qui souffrent trop facilement vos injures, sont curieux de vous être
utiles. Soyez moins avides de dissipation, et plus
désireux d'instruction. Un enfant accoutumé à
respecter ses maîtres, devient habile dans les
sciences, et propre à tous les emplois.

Propensus *ad lenitatem.*

Propensus, pronus, proclivis, porté à...., et tous les
adjectifs qui marquent un penchant ou une inclination à
quelque chose, gouvernent l'*accusatif* avec *ad*. — Suivis
d'un *infinitif* français, ils veulent le gérondif en *dum*.
— Les adjectifs en *bundus* gouvernent l'*accusatif*. Ex. :
Ravageant les campagnes, *populabundus agros*.

THÈME 20.

Socrate était porté à la douceur; il ne parut
jamais disposé à venger les injures. La femme de
ce grand homme, appelée Xantippe, n'était pas
très-semblable à son mari. Toujours prompte à se
mettre en colère, elle semblait née pour exercer
la patience de ce philosophe admirable. Il mourut innocent, et nullement irrité contre ses ennemis, gens barbares, portés à la vengeance, et accoutumés depuis longtemps à opprimer la vertu.

Præditus *virtute.*

Les adjectifs *præditus*, doué de ; *dignus*, digne de ;
indignus, indigne de ; *contentus*, content de, etc., gouvernent l'*ablatif.*

THÈME 21.

Il est rare de trouver des hommes contents de

leur sort. Le soldat enclin au pillage n'est pas digne de pardon. Ces écoliers étaient doués d'une mémoire extraordinaire : ils ont paru à leurs maîtres dignes de récompense. Mon valet, homme doué d'une rare intelligence, est content de ses gages. Il ne m'a jamais paru enclin à voler : je crois qu'il est digne de toute ma confiance.

Res *visu* mirabilis *ou* mirabile *visu*.

Après les adjectifs *admirable à*, *facile à*, *difficile à*, etc., l'*infinitif* français se rend en latin par le *supin* en *u*. — Quand on n'exprime pas le mot *chose*, l'*adjectif* se met au *neutre*.

THÈME 22.

Le temps de la moisson, chose agréable à voir, est toujours cher aux laboureurs. Le blé est facile à semer, mais il est difficile à récolter. Les pluies, la grêle et les vents, sont très-funestes aux moissons ; et la famine, chose horrible à dire, est presque toujours la compagne de ces grandes calamités. La syntaxe n'est pas difficile à comprendre ; cependant la plupart des écoliers ne veulent pas apprendre les règles du rudiment.

RÉCAPITULATION.

THÈME 23.

Le mois de mai.

Les chiffres indiquent les thèmes auxquels on renvoie.

   2   1   8
Le mois de mai, temps désirable, est le plus
 13   3   3
beau mois de l'année. Les oiseaux du bocage sont

alors doués d'une gaieté extraordinaire. Il est agréable d'entendre [1] les concerts harmonieux de ces petits musiciens emplumés, et de respirer la douce odeur des fleurs nouvellement écloses. Le maître et l'écolier fatigués sont curieux de contempler alors les beautés de la campagne ; et, chose facile à concevoir, ils reviennent toujours contents de leur promenade, et se souvenant de Dieu, créateur de toutes choses.

THÈME 24.
Le chien.

Le chien, animal très-utile, est doué d'une intelligence peu commune, et la fidélité de cette excellente bête est admirable. Un voyageur [2], qui ne se souvenait pas de son argent laissé près d'un arbre [3], revenait joyeux vers [4] sa femme ; le chien de cet homme ne fut pas curieux de le

1. Tout verbe actif gouverne l'accusatif.
2. Un voyageur, *quidam viator.*
3. Près, *propè*, avec l'accusatif. *Près d'un arbre,* propè arborem.
4. Vers, *ad* avec l'accusatif. *Vers sa femme,* ad uxorem.

suivre ; il aima mieux être le gardien du trésor
de son maître. L'absence de son chien parut d'a-
bord répréhensible au voyageur, homme prompt
à se mettre en colère. Il retourna, avide de
le châtier ; mais ce fidèle animal, couché près
du sac plein d'or, était digne de récompense,
et le voyageur chose facile à croire, ne fut
plus [1] irrité contre son compagnon.

SYNTAXE
DES COMPARATIFS ET SUPERLATIFS.

DES COMPARATIFS.

Doctior *Petro.*—Paulus est doctior *quàm Petrus.*

Après le *comparatif* exprimé par un *seul mot* latin, on met le nom à *l'ablatif* en supprimant le *que.* — On peut, après le *comparatif*, exprimer *que* par *quàm* et mettre après *même cas que* devant.

THÈME 25.

Horace était plus gai que Virgile. Le cheval est plus vif que le bœuf. Les Romains étaient plus courageux que les Carthaginois, mais les Carthaginois étaient plus rusés que les Romains. Cet enfant paraît plus habile que votre frère. Je

_____

1. Plus, davantage, *ampliùs.*

ne connais personne plus lâche et plus insolent qu'Antoine. Je crois que cet homme est plus sage que Caton. Le blé et le raisin sont très-précieux, mais le blé est encore plus utile que le raisin.

Felicior quàm *prudentior*. — *Feliciùs* quàm *prudentiùs*.

Quand, après un *comparatif*, le *que* est suivi d'un *adjectif* ou d'un *adverbe*, cet *adjectif* ou cet *adverbe* se met encore au *comparatif* et au *même cas* que le premier.

THÈME 26.

Les vers de ce poëte paraissent plus jolis que corrects. Vous avez loué un écolier plus effronté que savant. Les princes de l'Asie sont souvent plus cruels que justes. Je pense que votre ouvrage est plus long que difficile. Vous agissez toujours plus étourdiment que prudemment. Cette femme, plus bavarde que retenue, a sans doute répondu plus hardiment que sagement.

Magis pius quàm tu.— *Majori virtute* præditus.

Quand l'*adjectif* latin n'a pas de *comparatif*, on exprime *plus* par *magis*, et alors le *que* s'exprime toujours par *quàm* avec *même cas* après que devant. — Si l'*adjectif* français se rend en latin par deux mots (un adjectif et un nom), *plus* s'exprime par *major, majus ; moins* par *minor, minus*, que l'on fait accorder avec le nom. — Presque tous les adjectifs qui ont une voyelle devant *us*, sont privés de *comparatif* et de *superlatif*.

THÈME 27.

Les paysans sont plus propres à supporter les

fatigues de la guerre que les habitants des villes. Le chant du rossignol est plus harmonieux que le chant du merle. Socrate, condamné à cause de son impiété, était plus pieux et plus vertueux que ses juges. Les livres sont plus nécessaires aux enfants que les joujoux. L'araignée et le ver à soie sont plus industrieux que les autres insectes. Ces écoliers sont plus punissables anjourd'hui qu'hier.

Doctior est *quàm putas.*

Si le *que* après le *comparatif* est suivi d'un *verbe*, on exprime toujours *que*, et l'on met en latin le même temps que dans le français.

THÈME 28.

Annibal vaincu se montra encore plus acharné contre les Romains qu'il ne l'était auparavant. Epicure était peut-être plus sage et moins répréhensible qu'il ne paraissait. Les règles de la syntaxe sont plus importantes que vous ne pensez. Cet habit est encore plus beau qu'il n'était : le tailleur a fait mieux qu'il n'avait promis. Rien n'est plus désagréable que d'être trompé. Il est souvent plus prudent de se taire que de parler. Il vaut mieux mourir que d'être esclave.

DES SUPERLATIFS.

Altissima *arborum*, ou *ex arboribus*, ou *inter arbores*, etc.

Le *superlatif* veut le *nom pluriel* qui le suit, au *génitif* ou à l'*ablatif* avec *ex*, ou à l'*accusatif* avec *inter* ; mais si le *régime* du *superlatif* était un *nom singulier*, le *superlatif* ne s'accorderait pas avec ce *nom*, et alors il ne gouvernerait que le *génitif*. *Ditissimus urbis*, sous-entendu *homo*, c.-à-d. l'homme le plus riche de la ville.

THÈME 29.

Diogène surnommé le cynique, était assurément le plus orgueilleux des Athéniens. Le chat, le plus ingrat des animaux, passait pour une divinité chez les Egyptiens, les plus insensés des hommes. Il fut très-facile à Cambyse, le plus rusé des conquérants, de vaincre ce peuple superstitieux. Le plus pauvre de cette contrée est le meilleur des citoyens; mais le plus riche du village est aussi le plus insensible de tous.

Validior manuum. — *Maximè omnium* conspicuus, etc.

Quand on ne parle que de *deux choses*, au lieu du *superlatif* qui est dans le français, on met le *comparatif* en latin. — Si *l'adjectif* latin n'a pas de *superlatif*, on se sert de *maximè*, avec le *positif*. — Les noms que l'on appelle *partitifs*, comme *unus*, *quis*, *aliquis*, *nemo*, gouvernent le même *cas* que le *superlatif*.

THÈME 30.

Le plus coupable de ces deux soldats sera condamné. Qui de vous a frappé le plus faible des deux enfants du voisin? Les ennemis ont enlevé les plus remarquables de nos statues. Aucun des Grecs n'était plus astucieux que Sinon. Virgile, le plus ingénieux des poëtes, a chanté Énée, le plus pieux des héros. Quelqu'un des spectateurs a sifflé le plus vain des deux acteurs de cette comédie.

SYNTAXE DES VERBES.

ACCORD DU VERBE AVEC SON SUJET.

Ego audio. — *Petrus et Paulus* ludunt, etc.

Tout *verbe*, quand il n'est pas à *l'infinitif*, s'accorde avec son *sujet* ou *nominatif* en nombre et en personne. — On sous-entend ordinairement le *pronom sujet* ou *nominatif*. Cependant il faut l'exprimer quand il y a *deux verbes* dont le sens est opposé, ou quand la phrase contient quelque chose de vif. — Si le verbe a *deux sujets* ou *nominatifs* singuliers, on met ce verbe au *pluriel*, parce que *deux singuliers* valent un *pluriel*.

THÈME 31.

J'attends. Vous couriez. Tu parlas. Nous avions joué. Ils orneront. Il aura chanté. Revenez. Qu'ils recueillent. Je menacerais. Que vous louassiez. Qu'il ait frappé. Nous aurions trompé. Il se promène, et moi je suis enfermé. Le chien et l'âne voyageaient ensemble. Je serai loué, et vous, vous serez châtié. Le général et le soldat ont combattu très-courageusement. Pouvez-vous rire de la sorte? Votre mère est malade, et vous badinez! La mère et la fille ont dansé fort élégamment. Le poëte et le musicien s'applaudissent.

Ego et tu valemus. — *Turba* ruit *ou* ruunt.

Si les *sujets* ou *nominatifs* d'un même verbe sont de *différentes personnes*, le *verbe* prend la plus *noble* des *deux personnes*. — En français, la première personne se nomme après les autres : c'est le contraire en latin. — Si le *sujet* ou *nominatif* est un nom collectif, ce *verbe* peut se mettre au *pluriel*.

Votre père et moi nous causions tranquille-

ment, lorsque tout à coup des voleurs se précipi-
tèrent sur nous. Je suis naturellement porté à la
douceur ; cependant je devins furieux à la vue
de ces scélérats avides de butin. Votre père tire
son épée ; je tire aussi la mienne, et tous deux
nous mettons en fuite quatre brigands, les plus
méchants des hommes. La foule accourt et arrête
les fuyards. Elles les ¹ aurait mis en pièces ;
mais votre mère et vous, vous avez réprimé les
plus ardents, et ces coquins attendent aujour-
d'hui la peine due à leur audace.

RÉGIME DES VERBES.

VERBES QUI GOUVERNENT L'ACCUSATIF.

Amo *Deum.*—Imitor *Patrem.*

Tout verbe *actif* gouverne *l'accusatif.* — Plusieurs
verbes *déponents* ont la force des verbes *actifs*, et suivent la même règle.

THÈME 33.

L'enfant sage et bien élevé adore Dieu, créateur de toutes choses. Il aime et respecte ses parents, écoute ses maîtres, ne refuse pas le travail,
et pratique soigneusement la vertu. Il suit toujours les bons exemples, déteste le vice et méprise
les railleries piquantes des méchants. Chacun
admire cet enfant ; il s'attire les éloges des gens
de bien, et Dieu ne l'abandonnera jamais.

---

1. *Le*, *la*, *les*, devant un verbe, se tournent par *lui*,
elle, *eux*, *elles ;* et se rendent par *is*, *ea*, *id*, que l'on
met au cas du verbe. *Les aurait mis en pièces*, tournez,
aurait mis eux en pièces.

Musica me juvat *ou* delectat.

Les verbes *juvat*, *delectat*, il fait plaisir ; *manet*, il est réservé ; *decet*, il convient ; et *fugit*, *fallit*, *præterit*, ignorer, veulent au nominatif le nom de la chose qui fait plaisir, qui convient, etc., et le nom de la personne à l'accusatif.

THÈME 34.

L'étude ne fait pas plaisir au paresseux. Il ne sait jamais ses leçons, et presque toujours la dernière place de la classe lui est réservée. Il ignore les choses les plus simples, même les premiers éléments de la grammaire. Certainement l'orgueil ne convient guère à un tel enfant. Au contraire, une honte éternelle l'attend, et tous ont du plaisir à se moquer de lui. Vous savez cela, jeunes gens ; fuyez donc la paresse, et que la science seule ait enfin des charmes pour vous [1].

VERBES QUI GOUVERNENT LE DATIF.

Studeo *grammaticæ.—Defuit officio.*

La plupart des *verbes neutres* gouvernent le *datif.* — Les composés du verbe *sum* gouvernent le même cas, excepté *absum,* qui veut l'ablatif avec *à* ou *ab.*

THÈME 35.

Une mère à qui les progrès de son fils feraient plaisir, parlait hier en ces termes : « Mon cher enfant, il faut bien étudier tes leçons, et contenter

---

1. Tournez, *et que la science seule vous fasse plaisir.*

tous tes maîtres. Si tu ne manques pas à ton devoir, quelque chose d'agréable t'est réservé. Ton père a toujours favorisé les écoliers diligents : tu n'ignores pas cela. Il ne s'absentera pas de la maison, et ce soir vous assisterez ensemble au spectacle. Tu aimes les biscuits : souviens-toi seulement de mes conseils, je favoriserai ton envie, et les friandises ne te manqueront pas. »

Magna calamitas *tibi imminet.*—Id *mihi accidit.*

Les trois verbes *imminere*, *impendere*, *instare*, gouvernent le *datif* [1]. — Les verbes *accidit*, *evenit*, *contingit*, il arrive ; *conducit*, *expedit*, il est avantageux ; *placet*, il plaît, etc., veulent le nom de la personne au *datif.*

THÈME 36.

Il serait avantageux à mon fermier d'assister quelquefois aux travaux de ses serviteurs ; il lui arriverait plus rarement d'être trompé [2], et la perte de ses biens ne le menacerait pas. Rien n'est plus nécessaire que l'œil du maître. En effet, chacun étudie son caractère et s'efforce de le contenter. Mais qu'il s'absente perpétuellement de sa maison, chacun se fera un plaisir de manquer à son devoir ; car le travail plaît rarement à ceux auxquels il est imposé, et les plus grands malheurs menaceront toujours l'homme négligent qui favorise la paresse de ses serviteurs.

----

1. Quand le verbe *menacer* a pour nominatif un nom de chose animée, on l'exprime par *minari* et non par *imminere.*

2. *D'être trompé*, tournez, *qu'il fût trompé*, ut deciperetur.

Homo irascitur *mihi.* — Est *mihi* liber. — Hoc erit *tibi dolori.* — *Crimini* dedit *mihi* meam fidem.

Les verbes déponents *irasci* , se mettre en colère; *blandiri*, flatter; *opitulari* , secourir ; *minari*, menacer, etc. , gouvernent le *datif.* — Quand on se sert du verbe *sum* pour signifier *avoir*, on met le nom de la personne au *datif.* — Si le verbe *sum* est employé pour signifier *causer, apporter, procurer,* il gouvernera deux *datifs* [1].

THÈME 37. *Le Jardinier et l'Arbre à fruit.*

Un jardinier avait un arbre à fruit mutin et raisonneur. Dès que notre homme lui donnait du secours contre le froid ou contre le chaud, il se mettait en colère contre ce cultivateur diligent, et lui faisait un crime de ses bienfaits. « Vous me causez toujours de la douleur, disait-il, et jamais vous ne me procurez d'agrément. Je n'ai pas soif, et vous m'inondez ; je n'ai pas froid , et vous m'emprisonnez. Allez, méchant, je ne porterai jamais de fruit. » Le jardinier aurait pu blâmer ce petit rebelle de son opiniâtreté, et même se fâcher contre lui ; mais il aima mieux mépriser ses discours insensés [2] ; et l'arbre indocile porta bientôt malgré lui des fruits abondants.

---

1. Les verbes *do , verto, tribuo,* suivent la même règle.

2. Tournez , *discours insensés de lui,* ejus.

VERBES QUI GOUVERNENT L'ABLATIF, LE GÉNITIF
OU L'ACCUSATIF.

Abundat *divitiis*. — Fruor *otio*. — Miserere
pauperum, etc.

Les verbes neutres qui signifient *abondance* ou *disette*, gouvernent ordinairement *l'ablatif*, ainsi que le verbe neutre passif *gaudere*, se réjouir. — Les verbes déponents *fruor*, *fungor*, *potior*, *vescor*, *utor*, *glorior*, *lætor*, gouvernent l'ablatif. — *Misereri* gouverne le génitif. — *Oblivisci*, *recordari*, *meminisse*, gouvernent le génitif ou l'accusatif.

THÈME 38.

Les hommes se nourrissent de pain, et les animaux se nourrissent d'herbes. Les enfants qui craignent le Seigneur ne manqueront de rien. Les riches regorgent de biens, se nourrissent de mets délicats, se servent d'habits précieux, et jouissent de tous les avantages de la vie. La plupart se souviennent peu des pauvres, qui manquent de toutes choses, vivent de pain noir, et ne se servent que [1] de haillons. Cependant le pauvre qui ne jouit de rien, et le riche qui se glorifie de ses richesses, sont l'un et l'autre égaux devant Dieu. Hommes riches, ayez pitié des pauvres, n'oubliez pas les peines éternelles qui [2] sont réservées aux cœurs durs.

----

1. *Ne que...* se tourne par *seulement*, tantummodò.

2. *Qui*, *quæ*, *quod*, pronom relatif, suit la règle des adjectifs, et s'accorde en genre et en nombre avec le nom qui précède.

RÉCAPITULATION.
THÈME 39. *Les gens ivres.*

     31   33   8
Vous rencontrerez souvent des hommes pleins
  15   31   14   21
de vin qui paraissent contents de leur sort, et ne
     38   34   37
manquer de rien. Les passants se plaisent à leur
     37   8   33   37
faire un crime de cette joie, et à les blâmer
    8   8   37
d'une telle intempérance. Plusieurs même les
   31   37   31   6
menacent et les injurient. Cette manière d'agir
    13   31
est répréhensible ; ils devraient au contraire
   38   8
avoir pitié de ces malheureux, souvent accoutu-
     19   8
més à supporter pendant toute la semaine les

travaux les plus durs, et ne jouissant d'aucun
  38
plaisir ici-bas.

THÈME 40. *Suite.*

    31
Je ne voudrais certainement pas favoriser
  35   8   8   29
l'ivrognerie, vice honteux, et même un des plus
    29   31   33
honteux de tous. Cependant j'ai connu des hommes
   8   27   31
très-sages et très-vertueux qui ne se mettaient
          47
pas en colère contre ces gens, parce qu'ils
  31   38
usent du vin un peu trop largement [1]. En effet,

---

1. *Un peu trop*, *paulò* avec le comparatif.

31   38   8
il est quelquefois avantageux aux pauvres, souf-
          15
frant toutes sortes de maux, d'être privés de la
38   31   14
raison, qui est pour eux ' un présent plus
      8   26
funeste qu'agréable.

———

THÈME 41. *Les chasseurs.*

                3   6
Après le temps de la moisson, le temps de
          31   32   31
chasser arrivera. Votre père et vous, qui fûtes
              31   8
toujours très-avides de cet exercice plus cruel
      26   31   33
qu'agréable, vous prendrez tous deux un fusil,
              31   33   1
et vous parcourrez la campagne. Le lièvre, ani-
          8   15
mal plein de crainte, et la perdrix, la plus
      8   29   31   13
tendre des mères, seront les ennemis les plus
    8   21   8   18   31   12
dignes de votre courroux. Il vous sera agréable
    12   8   33   . 31
de tuer ces faibles créatures, et vous vous réjouirez
38   8
de leur destruction ², comme du plus bel
    38   8   31
exploit. Guerriers illustres, vous n'oublierez pas
              38   3
alors l'hymne de la victoire; et lorsque vous

———

1. *Qui est pour eux*, tournez, *qui est à eux*, quæ est eis.
2. *De leur destruction*, tournez, *de la destruction d'elles.*

14   8   21
reviendrez chargés d'un si [1] noble butin, un
4   34   31   34
char de triomphe vous sera sans doute réservé.

THÈME 42. *Suite.*

29
O les plus barbares des mortels! puisque le
34   33
carnage vous réjouit, prenez du moins les armes
8   27   20   33
contre des animaux plus propres à exercer votre
20   18   31   12   12
courage. Il vous serait plus glorieux de pour-
33   8   38
suivre les loups qui se nourrissent de la chair
3   33   8
des moutons, les renards qui ravagent [2] nos
19   8   33
basses-cours, et surtout ces furieux sangliers
8   38
qui se servent si avantageusement de leurs dé-
3   3
fenses contre les attaques des chiens et des chas-
31
seurs. Vous vous glorifieriez alors avec raison
38   8   38   8
de votre force et de votre adresse; et, chose
22   8   15   16
facile à croire, la foule curieuse de voir les vain-
32
queurs, se précipiterait au-devant d'eux.

---

1. *Si,* devant un adjectif ou un adverbe, se rend par *tàm.*
2. *Qui ravagent,* tournez, *ravageant.*

Do vestem *pauperi*. — Minari mortem *alicui*.

Les verbes qui signifient *donner*, *dire*, *promettre*, etc., veulent au *datif* leur régime indirect marqué par *à*. — Les verbes déponents *minari*, menacer ; *gratulari*, féliciter, veulent le nom de la chose à *l'accusatif*, et le nom de la personne au *datif*.

THÈME 43. *Molière.*

Molière avait donné par mégarde une pièce d'or à un pauvre. Notre homme se félicita d'abord de sa bonne fortune ; après qu'il eut rendu grâces à Dieu, il se promit un habit à lui-même, des hardes à sa femme, et des vivres à toute sa famille. Mais bientôt il devint tout soucieux. Les riches, dit-il, ne prodiguent pas ainsi leur argent au premier venu. Celui-ci n'a peut-être pas voulu me donner une somme si considérable. Aussitôt il rappelle son bienfaiteur, et lui rend la pièce d'or. Le poëte étonné félicita le pauvre d'une si belle action, et il ajouta sur-le-champ une seconde pièce à la première.

Hæc via ducit *ad virtutem*. — Doceo pueros *grammaticam*. — Scribo *ad te* ou *tibi* epistolam.

Quand le verbe signifie quelque mouvement : comme *conduire à*...., ou une inclination vers quelque chose, comme *exhorter à*, *exciter à*, etc., le régime indirect se met à l'accusatif avec *ad*. — Les verbes *docere*, *rogare*, *celare*, veulent *deux accusatifs*, le nom de la personne et celui de la chose. — Les verbes *scribo*, *mitto*, *fero*, veulent leur régime indirect à *l'accusatif*, avec *ad*, ou au *datif*.

* 3

THÈME 44. *Le Meunier et l'Ane.*

Un meunier avait un neveu très-actif et un âne très-paresseux. Un jour ce dernier portait de l'orge au moulin [1]. Le maître, plus gai que de coutume, ne se servait pas du bâton. Seulement il exhortait ce vaurien à marcher plus vite, et, plein de bonhomie, il lui parlait en ces termes : « Écoute, Martin; l'exemple de mon neveu devrait t'apprendre ton devoir. Je ne l'engage jamais deux fois à bien faire. Tous les jours il conduit seul mes farines à la ville, et le soir il m'apporte exactement mon argent. La fatigue ne l'excite pas à murmurer; et toi, tu ne parais jamais content de ton sort. »

THÈME 45. Même règle. *Suite.*

« Cela est facile à dire, répondit le baudet! mais je vous prie d'une chose : ne vous fâchez point [2] contre moi, et je ne vous célerai pas la vérité. Toutes les fois que le père du jeune homme écrit une lettre à son fils, il le félicite de son travail, et vous engage à le récompenser. Souvent aussi il lui envoie de l'argent, et vous-même vous le caressez sans cesse. Mais moi., après une longue fatigue, qui me félicite de ma diligence? Qui m'apporte seulement un léger surcroît de chardons? Ce n'est pas vous, certainement [3],

---

1. Lorsque l'idée de tendance prévaut, il faut l'*accusatif* avec *ad*. On ne pourrait pas dire ici, *ferebat molctrinæ*.

2. Quand on défend, on met *ne* avec le subjonctif, *ne vous fâchez pas*, ne irascaris.

3. Tournez, *non vous assurément*, non tu profectò.

vieillard ingrat et cruel. Vous m'exhorteriez donc en vain plus longtemps. Où il n'y a rien de bon à espérer, les belles paroles deviennent inutiles. »

Accepi litteras *à patre meo.* — Id audivi *ex amico* ou *ab amico.*

Les verbes *demander, recevoir, emprunter, acheter, espérer, attendre, obtenir,* etc., veulent leur régime indirect à *l'ablatif* avec *à* ou *ab.* — Si le régime indirect du verbe *recevoir* est une chose inanimée, on le met à l'ablatif avec *è* ou *ex.* On fait de même après les verbes *allumer à, prendre à, juger à, puiser à,* etc. — Les verbes *audire,* apprendre ; *quærere,* s'informer, veulent leur régime indirect à *l'ablatif* avec *à* ou *ab, è* ou *ex ;* mais après *cognoscere,* apprendre, c'est toujours *è, ex.*

THÈME 46. *Vénus.*

Vénus, mère d'Énée, demanda un bouclier à Vulcain. Elle obtint facilement du fils de Jupiter cette légère faveur. Elle aurait même pu recevoir encore davantage d'un époux plus laid que méchant. Vous connaîtrez un jour par les vers de Virgile toute la complaisance du dieu des forgerons, dès qu'il eut appris de cette mère désolée le sujet de ses craintes [1]. Je juge à vos yeux de votre curiosité : mais il n'est pas encore temps de la satisfaire [2].

THÈME 47. Même règle. *Le voleur.*

Un voleur alluma sa lampe à l'autel de Jupiter. Le dieu ne reçut pas une grande joie de la présence d'un tel hôte, et bientôt il connut, par les

---

1. Tournez, *des craintes d'elle,* ejus timorum.
2. Tournez, *de satisfaire elle.*

actions de cet impie, toute l'énormité de sa scélératesse. D'abord le voleur puisa du vin à une
amphore sacrée ; ensuite il emprunta à la divinité elle-même un superbe manteau, et déjà il
prenait au tronc l'argent des fidèles, lorsqu'il
connut, par le tremblement subit de tout l'édifice, l'indignation du fils de Saturne. Ce dieu
lança la foudre, et le coupable reçut de lui la
punition de son crime.

Christus redemit hominem *à morte.*—Implere
dolium *vino.*—Admonui cum *periculi* ou *de
periculo.*

Les verbes *délivrer, racheter, éloigner, arracher, ôter,
séparer, détourner*, etc., veulent leur régime indirect à
l'ablatif avec *ab* ou *ex*, et quelquefois sans *préposition*.
— Les verbes d'*abondance*, de *disette* et de *privation*
veulent leur régime indirect à *l'ablatif* sans *préposition*.
— Les verbes *avertir, informer*, veulent leur régime indirect marqué par *de*, au *génitif*, ou à *l'ablatif* avec *de* [1].

THÈME 48. *Le jugement dernier.*

Les hommes connaîtront, par des signes certains, l'approche de la fin du monde. Dieu lui-
même nous a avertis de cette chose. Puisqu'il
nous a informés de son dessein, il ne veut pas
nous priver des trésors de sa miséricorde. Au
contraire, il a rempli les justes d'espérance, en
leur promettant une vie éternelle. Éloignez-vous
donc de la voie de la perdition, et il vous comblera
de ses grâces. Au dernier jour, le Christ vien-

---

1. Avec *moneo* l'on met bien les *accusatifs neutres*,
hoc, id, illud, unum. Je les avertis de cela, *hoc eos
moneo ;* d'une chose, *unum*, sous-entendu *negotium.*

dra plein de gloire et de majesté; et, après qu'il aura séparé les bons des méchants, il parlera en ces termes :

THÈME 49. Mêmes règles. *Suite.*

« Venez avec moi, vous tous les bénis de mon père [1]. Délivrés pour toujours de la servitude du péché, jouissez dès à présent d'un bonheur inaltérable. » Puis, apostrophant les réprouvés : « Insensés, dira-t-il, je vous avais rachetés de la mort, et rien n'a pu vous détourner du chemin des enfers : je vous ai souvent avertis du danger, je vous ai même comblés de bienfaits : mais vous n'avez pas voulu vous séparer du prince des démons. Allez, maudits, éloignez-vous de ma présence, et que les feux pénétrants vous dévorent à jamais. »

Insimulare aliquem *furti* ou *furto.* — Damnare aliquem *ad triremes.* — *Arguitur prodidisse* rempublicam. — *Jussus est* ab urbe *discedere.*

Les verbes *accuser, condamner, absoudre, convaincre,* veulent leur régime indirect au *génitif* ou à *l'ablatif,* mais mieux au *génitif.* — Avec le verbe *condamner,* le nom de la peine *particulière* et *déterminée* se met à *l'accusatif* avec *ad.* — Les verbes *accuser, condamner,* suivis d'un *infinitif,* s'expriment : *accuser* par *arguere,* et *condamner* par *jubere,* avec *l'infinitif* latin.

THÈME 50.

Aristide fut condamné à un exil de dix ans

---

1. Tournez, *vous tous bénis par mon père,* à *patre meo benedicti.*

par le jugement [1] des coquilles, qui était appelé *ostracisme*. Même il reçut ordre de sortir
sur-le-champ de la ville. De quel délit était-il
donc accusé, puisque les citoyens ne voulurent
pas absoudre ce grand homme de l'accusation
intentée contre lui? Je ne vous cèlerai point la
vérité, messieurs; Aristide n'était pas accusé
d'avoir trahi la république; mais il fut seulement convaincu de justice et de probité, crime
impardonnable chez les Athéniens, les plus ingrats et les plus soupçonneux de tous les hommes.

Deus *amat* virum bonum *illique* favet.

Quand *deux verbes* n'ont qu'un régime en français, et
que les *verbes latins* gouvernent différents cas, on met
le nom *au cas* du premier verbe, et l'on se sert d'un des
pronoms *is*, *ille*, *ipse*, pour le mettre *au cas* du second.

THÈME 51.

Les mères trop indulgentes louent et flattent
leurs enfants; mais les instituteurs, plus raisonnables, ne supportent ni ne favorisent les défauts
de leurs élèves. L'enfant confié au célèbre Rousseau ne lisait et n'étudiait pas ses leçons. Il
tourmentait et menaçait son maître nuit et
jour : mais le philosophe ne ménagea pas et
dompta ce petit indocile. Qui ne plaindrait pas

---

1. *Par le jugement* : mettez l'ablatif sans préposition.

le sort des malheureux condamnés au supplice affreux d'instruire et de surveiller les enfants qui ne veulent ni respecter ni contenter leurs maîtres?

RÉCAPITULATION.

THÈME 52. *Le hanneton.*

Le hanneton, qui fait tant de plaisir aux enfants, ravage les feuilles des arbres et les dépouille de leur parure. Cet insecte est donc plus nuisible qu'utile, et il devrait être impitoyablement privé de la vie. Néanmoins les paresseux surtout reçoivent une grande joie de sa société[1]. L'empressement de jouer avec lui les détourne du devoir, et ils ne contentent plus ni maîtres ni parents. Plût à Dieu qu'ils fussent mieux informés de son origine[2]! ils se sépareraient bientôt d'un tel compagnon.

1. *De sa société*, tournez, *de la société de lui.*
2. Tournez, *de l'origine de lui.*

THÈME 53. *Suite.*

Ce vil insecte fut d'abord un ver blanc, horrible et difforme. Il rongeait les racines des plantes avant qu'il ravageât les feuilles des arbres. Mais il ne faut pas les accuser d'indulgence envers lui. Le pauvre hanneton ne se réjouit pas longtemps de son sort. Ces petits barbares le condamnent à la chaîne ; ils le dépouillent tantôt d'une aile, tantôt d'une patte, et après qu'ils lui ont causé bien de la douleur [1], ils lui donnent enfin la mort, à laquelle il fut condamné dès qu'il lui est arrivé [2] de tomber entre leurs mains [3].

---

1. Tournez, *après qu'ils ont été à grande douleur à lui.*

2. *Il lui est arrivé de tomber,* tournez, *qu'il tombât, ut caderet.*

3. *Entre leurs mains,* tournez, *entre les mains d'eux.*

RÉGIME DES VERBES PASSIFS.

Amor à *Deo.* — *Mœrore* conficior.

Le régime du verbe passif se met à l'*ablatif* avec *à* ou *ab* quand c'est un nom de chose *animée*. — Si le régime du verbe passif est un nom de chose *inanimée*, on met 'ablatif *sans préposition.* — Avec *probor, improbor, videor,* et les participes en *dus, da, dum,* on met mieux le nom au *datif* qu'à l'*ablatif*.

THÈME 54. *Robinson.*

Vous devriez lire la vie de Robinson, si ardemment recherchée de presque tous les écoliers. Longtemps battu par la tempête, ce fameux voyageur aurait été accablé par les flots; mais il ne fut pas abandonné de Dieu, et, après que son vaisseau [1] eut été brisé par la foudre, il nagea vers une île déserte, très-bien décrite par l'auteur anglais, dont l'ouvrage ingénieux [2] sera toujours approuvé des lecteurs. Robinson ne fut pas longtemps abattu par le chagrin. Cette île était entourée de tous côtés par une immense étendue d'eau; mais il fut toujours soutenu par l'espoir d'être rendu à la société par quelque heureux événement.

---

1. *Et après que son vaisseau eut été brisé,* tournez, *après le vaisseau de lui brisé,* post, *avec l'accusatif.*

2. *Dont l'ouvrage,* tournez, *duquel l'ouvrage,* cujus.

RÉGIME DES VERBES

PERTINET, ATTINET, SPECTAT.

Hoc *ad me* pertinet.

Les trois verbes *pertinere*, appartenir ; *attinere, spectare*, regarder, avoir rapport à, veulent le nom de la personne à l'accusatif avec *ad*.

THÈME 55. *Le maître insolent.*

Un maître insolent, justement méprisé de tous les honnêtes gens, gourmandait ainsi son valet : « Il ne t'appartient pas, maraud, de lever les yeux devant moi. Cirer mes bottes, battre mes habits, exécuter fidèlement tous mes ordres, et surtout ne murmurer jamais, voilà ce qui te regarde. A moi seul appartient de te commander, de t'injurier, et même de te rosser, selon mon plaisir. » Le valet indigné répondit : « Il vous appartiendrait plutôt d'user moins orgueilleusement de vos droits. La douceur et la modération ne regardent pas moins les maîtres que les serviteurs. »

RÉGIME DES IMPERSONNELS

POENITET, PUDET, PIGET, ETC.

Me pœnitet *culpæ meæ.* — Incipit *me* pœnitere *culpæ meæ.*

Les cinq verbes *pœnitet, pudet, piget, tædet, miseret*, veulent à l'*accusatif* le nom ou pronom qui précède le verbe français, et au *génitif* le nom qui le suit. — Tous les verbes, excepté *volo, nolo, malo, audeo, cupio*, deviennent impersonnels devant *pœnitet, pudet*, etc., c.-à-d. qu'on les met à la *troisième personne* du singulier, et le nom qui les précède se met à *l'accusatif.*

THÈME 56. *Exhortation aux jeunes gens.*

Vous serez fâchés un jour d'avoir mal employé le temps précieux de votre jeunesse, et vous aurez honte de votre ignorance. Les livres nous ennuient, dites-vous ; et nous ne nous sommes pas encore repentis d'avoir donné au jeu le temps de l'étude. Insensés! jusqu'à quand ne rougirez-vous pas de parler ainsi? Vos maîtres eux-mêmes se repentiraient de s'être chargés du soin de votre éducation, si [1] vous ne deviez jamais avoir regret d'une telle conduite.

THÈME 57. Même règles. *Suite.*

Maintenant nous avons pitié de votre âge, et nous ne voudrions pas nous lasser de notre persévérance. Lorsque vous serez devenus plus sages et plus raisonnables, vous commencerez à vous repentir de nous avoir causé tant [2] de maux, et vous rougirez de votre égarement. La plupart de vous n'osent peut-être pas encore se repentir d'avoir pris une mauvaise route ; mais bientôt ils s'ennuieront de leur obstination, et nous ne nous repentirons jamais de les avoir excités au travail.

---

1. *Si vous ne deviez :* mettez l'imparfait du subjonctif avec *si.*

2. *Tant* se rend par *tot,* devant un nom de choses qui se comptent.

RÉGIME DES VERBES
REFERT , INTEREST.

Refert, interest *regis.* — Refert, interest *meâ.*

verbes *refert , interest,* veulent au *génitif* le nom qui suit le verbe français *il importe.* L'on sous-entend *re* ou *causâ* devant ce *génitif.* — Avec *refert , interest,* ces pronoms : *me , te, se, nous, vous, lui , leur,* s'expriment par *meâ , tuâ , nostrâ , vestrâ , suâ.*

THÈME 58.

Il importait à Antoine de ne pas mener une vie molle et dissolue ; mais il aurait également importé à Cicéron d'épargner ce Romain , homme orgueilleux et avide de vengeance. Devenu triumvir, Antoine crut qu'il lui importait d'arracher la vie à son ennemi, et même il n'eut pas honte de contempler la tête encore sanglante de ce célèbre orateur. Il vous importerait, jeunes gens, d'étudier la géographie, et de lire avec attention l'histoire des peuples anciens et modernes [1]. Il m'importe de vous avertir de cela , et il vous importera toujours de ne pas l'oublier.

***

Refert meâ *Cæsaris.* — *Utriusque* nostrûm interest. — *Ad honorem* nostrum interest.

Si, après il *importe,* ces pronoms *à moi, à toi,* etc., sont suivis d'un *adjectif* ou d'un *nom ,* l'on met au *génitif* cet *adjectif* ou ce *nom.* — Ces phrases : il nous importe *à tous deux ,* il vous importe *à tous deux ,* etc., se tournent ainsi : il importe *à l'un et à l'autre de nous , de vous ,* etc., *utriusque nostrûm, vestrûm ,* etc. — Si le régime

---

1. *Modernes,* mettez *recentiorum* au lieu de *recentium.* Il est quelquefois plus élégant de rendre le *positif* français par le *comparatif* latin.

des verbes *refert*, *interest*, est un nom de chose *inani-mée*, on met ce nom à *l'accusatif* avec *ad*.

THÈME 59. *Un père à son fils.*

Mon cher fils, il importe à ma tranquillité d'apprendre de vous la cause de votre silence. Sans doute vous ne rougissez pas d'écrire à votre père, et je serais fâché de vous accuser de négligence. Cependant il nous importe à tous deux de ne pas vivre plus longtemps de la sorte. Il importerait peut-être à moi, votre père, de ne pas me montrer si indulgent; mais il importe à vous seul de réparer votre faute, en écrivant à votre mère et à moi une lettre semblable à votre dernière, de laquelle [1] nous avons reçu tous deux une très-grande joie. Je demande cette grâce à mon fils, et je crois qu'il importe à son honneur [2] de me satisfaire au plus tôt.

RÉGIME DU VERBE IMPERSONNEL *EST*.

Est *regis*. — *Meum* est loqui. — Hic liber est *meus*.

Le verbe impersonnel *est* veut au *génitif* le nom qui suit le verbe français. — Quand on se sert du verbe *est* pour exprimer *il appartient à*, *c'est à*, ces pronoms *à moi*, *à toi*, *à nous*, *à vous*, *à lui*, *à eux*, se rendent en latin par *meum*, *tuum*, *nostrum*, *vestrum*, *suum*. (On ne met *suum* que quand *lui* se rapporte au *nominatif de* la phrase, autrement ce serait *ejus*.) — Mais si ces pronoms *à moi*, *à toi*, etc., peuvent se tourner par *mien*,

----

1. De laquelle, *è quâ.*
2. *A son honneur*, tournez, *à l'honnneur de lui.*

tien, *notre*, *votre*, on les exprime par *meus*, *tuus*, *noster*, *vester*, que l'on fait accorder avec le nom.

THÈME 60. *Louis XII.*

Il appartient à un prince inhumain de tourmenter ses sujets, de construire des prisons, de lever des impôts, et de ne jamais oublier les injures. Mais les princes sages croient que c'est à eux de protéger les peuples, de les ménager et de veiller à leurs intérêts [1]. Un riche habitant d'Orléans n'avait pas eu honte d'insulter Louis XII, encore duc cette ville. Un des courtisans s'imagina qu'il importait à l'honneur du prince de châtier l'insolent. « Cet homme est à vous maintenant, disait-il; c'est à lui de vous respecter. — Avant mon avénement au trône [2], il n'était pas à moi, dit Louis. Depuis ce temps je suis devenu son père [3] : il n'appartient pas au roi de France de venger les offenses du duc d'Orléans.

REGIME DE L'IMPERSONNEL *OPUS EST*, ET DU VERBE *INTERDICO.*

Mihi opus est *amico.* — Interdico *tibi domo meá.*

Quand on exprime *avoir besoin* par l'impersonnel *opus est*, on met en latin au *datif* le nom ou pronom

---

1. *A leurs intérêts*, tournez, *aux intérêts d'eux.*

2. *Avant mon avénement au trône*, tournez, *avant que j'allasse dans la souveraineté*, antequàm principatum inirem.

3. *Son père*, tournez, *le père de lui.*

qui précède le verbe français , et à *l'ablatif* le nom qui le suit. — Le verbe *interdico* veut le nom de la personne au *datif*, et le nom de la chose à *l'ablatif.*

THÈME 61. *Le malade.*

Ce malade avait besoin d'une bonne nourriture, mais le médecin lui a interdit le vin et les aliments substantiels ; il aurait eu besoin de chaleur, ce moderne Esculape lui a encore interdit le feu et les couvertures de laine. Aussi ce malheureux n'aura bientôt plus besoin de secours, et la tombe seulement ne lui sera pas interdite. O enfants ! soyez sobres et modérés ; vous aurez rarement besoin de ces hommes ne s'interdisant jamais les visites aux malades, et toujours portés à leur interdire les choses les plus agréables.

VERBE RÉGIME D'UN AUTRE VERBE.

Amat *ludere.* — Eo *lusum.* — Venio *ad*
studendum.

Quand deux verbes sont *de suite*, et que le premier ne marque point de *mouvement*, on met le second à *l'infinitif.* — Si le *premier* signifie *mouvement* pour aller ou venir en quelque lieu, on met le *second* au *supin* en *um.* — Lorsque le *second* verbe n'a point de supin , il faut le tourner par *pour*, et l'exprimer par *ad* avec le gérondif en *dum*, ou par *afin que*, et l'exprimer par *ut* avec le *subjonctif.*

THÈME 62. *Clémence du roi Robert.*

Certains hommes n'eurent pas honte de conspirer contre le roi Robert ; mais ils ne purent ourdir longtemps en cachette leurs trames criminelles. Jetés en prison, ils n'osèrent pas nier

cette action odieuse; mais ils parurent la détester sincèrement. Néanmoins ils furent condamnés à mort par les juges, qui ne voulurent
jamais révoquer la sentence. Le roi, désirant les
sauver, usa d'un pieux stratagème. Un confesseur, alla par son ordre [1], consoler les coupables, et le lendemain ils vinrent tous ensemble
à l'église recevoir la sainte communion. Robert
alors parla aux juges en ces termes : « Il ne vous
appartient pas d'envoyer au gibet des hommes
que Jésus-Christ n'a pas dédaigné d'admettre à
sa table. »

THÈME 63. Mêmes règles. *Lucullus*.

Lucullus se plaisait à vivre dans les délices.
Il ne craignait pas de dépenser des sommes considérables pour [2] satisfaire sa gourmandise. Les
cuisiniers de Rome venaient chez lui étudier l'art
sublime des assaisonnements, et lorsqu'ils connaissaient à fond les sauces et les ragoûts, ils
allaient dans les principales villes de la Grèce et
de l'Italie briller par leur savoir-faire et leur
habileté. La plupart des Romains se sont efforcés
de transmettre à la postérité le souvenir de leurs
vertus ; mais Lucullus a mieux aimé se faire remarquer par l'énormité de son luxe et de ses
profusions.

---

1. Tournez, *par l'ordre de lui.*
2. *Pour satisfaire,* ad avec le gérondif en *dum.*

Redeo *ab ambulando.* — Te hortor *ad legendum.*

Lorsque deux verbes sont de suite, et que le *premier* signifie mouvement pour venir de quelque lieu, on met le second au gérondif en *do* avec *à* ou *ab.* Si le *second verbe* a un régime, et qu'il gouverne l'*accusatif,* servez-vous plutôt du participe en *dus, da, dum,* et alors mettez le participe et le régime à l'*ablatif* avec *à* ou *ab,* en les faisant accorder. — Après les verbes qui signifient *mouvement vers quelque lieu,* ou *inclination vers quelque chose,* comme *pousser à, exhorter à,* etc., on exprime *à* par *ad,* et l'on met le verbe au gérondif en *dum.* Si le *second verbe* a un régime, et qu'il gouverne l'*accusatif,* servez-vous encore du participe en *dus, da, dum,* que vous mettrez à l'*accusatif* avec *ad,* en le faisant accorder avec son régime.

THÈME 64. *Projet de dîner.*

Lorsque vous reviendrez de chasser, je serai sans doute revenu de visiter mes fermiers. Nous engagerons votre frère à nous accompagner, et nous irons ensemble dîner chez mon oncle. Un pêcheur qui revenait de jeter ses filets, m'excitait à acheter des poissons de rivière; mais notre voisin, revenu aujourd'hui de parcourir les ports de la France, m'a détourné de les prendre. Il m'a offert deux homards et un énorme turbot, et rien n'a pu le déterminer à recevoir mon argent : aussi je l'ai invité à augmenter le nombre des convives. Je vous exhorte maintenant à chasser en conscience : mon oncle fournira le vin, et

Thèmes. — *Huitièmes, Elèves.*   4

rien ne nous manquera pour faire un dîner délectable [1].

Consumit tempus *legendo*. — Dedit mihi *libros
legendos*. — Vidi eum *ingredientem*.

Quand *à* devant un *infinitif* français peut se tourner
par *en* et le *participe présent*, on met cet *infinitif* au
gérondif en *do*, avec ou sans la préposition *in*. — Quand
à devant un *infinitif* français peut se tourner par *pour*
avec l'*infinitif* passif, on se sert du participe en *dus*, *da*,
dum, que l'on fait accorder avec le nom qui précède. —
Après les verbes *voir, sentir, écouter, entendre, admirer*, l'infinitif français se met au *participe présent*, que
l'on fait accorder avec le régime des verbes *voir, sentir*,
etc.

THÈME 65. *La Cigale et la Fourmi.*

La Fourmi passait le temps de l'été à faire des
provisions. Chacun la voyait trotter sans cesse,
et chercher partout des grains de blé à traîner
dans son magasin. La Cigale, qui passait les
jours entiers à chanter et à ne rien faire, entendit certaines gens vanter la diligence de ce
petit insecte, et peu après elle le vit lui-même
revenir avec son butin. « Ma voisine, dit-elle, je
vous admire travailler et vous fatiguer de la sorte,
tandis que vous pourriez rester tranquille à vous
reposer. La nature nous a donné si peu de jours

---

1. *Faire un dîner délectable*, tournez, *dîner très·
agréablement.*

à passer ici-bas! suivez mon exemple, et ne soyez pas si ingénieuse à vous tourmenter. » La Fourmi secoua la tête, et continua son chemin.

THÈME 66. Mêmes règles. *Suite.*

La belle saison s'écoula peu à peu. Bientôt la Cigale entendit l'aquilon siffler à ses oreilles ; elle vit la campagne se couvrir de frimas, et ne trouva plus rien à mettre sous la dent. Pressée par la faim, elle se souvint de la travailleuse, et courut aussitôt frapper à sa porte. « Ma bonne, lui dit-elle, vous avez, je le sais, une ample provision de blé : je viens vous demander seulement quelques grains à emprunter ; je vous les rendrai avec intérêt. La Fourmi n'aime guère à prêter. Elle lui répondit en souriant : « O vous que j'ai entendue cet été parler si sagement, je n'ai rien à vous offrir aujourd'hui, si ce n'est un bon conseil : vous passiez alors le temps à chanter ; eh bien ! passez-le maintenant à danser. »

RÉCAPITULATION.

THÈME 67. *Les trois Coqs.*

8   1   3   8   3
Trois coqs habitants d'une même ferme
3ı   58   58   6ı   33
crurent qu'il leur importait de parcourir l'uni-
     55   3ı   6ı
vers. Il nous appartient, disaient-ils, d'acquérir

38　　　　　　　　56　　　56　　62
de la science, et nous devrions rougir d'être
　　　　　　　　　　　　8　　　　　　　3r
restés si longtemps dans cette prison. Ils quit-
　　　　　　33　　　　　　　　3r　　　8
tèrent donc la basse-cour, et passèrent le pre-
　　　33　　65　　　　64
mier jour à visiter les champs. Le lendemain
　　37　　　　8　　　　　　65
ils eurent une vaste forêt à traverser, et la peur
33　　3r　　　　64　　　　33　　　　　　3r
les engagea à chercher un guide. Le Renard dit
　　　6o　　6o　　　62　　　　　　　33
que c'était à lui d'accompagner les voyageurs ;
　3r　　38　　3　　38　　　3r　　　56
il se glorifia de son adresse, et n'eut pas honte
　　62　　8　　8　　　33　　6r　　6r
de vanter son extrême probité : ils n'avaient pas
　6r　　　　6r　　　　8
besoin d'un guide plus honnête.

THÈME 68. *Suite.*

　3r　5o　　　　　33　　　　5o　　3r
Je n'accuse pas le Renard de mensonge, dit
　3o　　　　33　34　　　3　　34
l'un deux ; cependant je n'aime pas son allure [1].
8　　　　　3r　13　8　　15
Cet animal me paraît plein de ruse, et je ne
　3r　　8　　　33　　46　8　3　46
reçois aucune assurance de tous ses discours.
　　36　　　　　36　　　　62
Il ne nous sera pas avantageux de suivre un
　　33　　8　　　　　　3r　　54
tel guide. Vos soupçons ne sont pas approuvés
　　　31　　8　　3r　8
de moi, répondit un autre Coq ; ce Renard me

---

1. *Son allure*, tournez, *l'allure de lui.*

31   13   8   5   34   34
paraît d'un bon naturel; j'ai beaucoup de plaisir
    62   65   56 56   62
à l'entendre parler, et je me repentirais d'être
38   3   38
privé de sa ¹ compagnie.

THÈME 69. *Suite*.

         8   31   13
Le troisième Coq était fort prudent. Il ne
55   31   37   62   37
m'appartient pas, dit-il, de vous blâmer de
8   31   8   33   13   21
votre avis. Je crois que ce Renard est doué
                    8   8   21
en même temps de bonnes et de mauvaises qua-
                        58   8   58
lités. C'est pourquoi il importe à notre sûreté
62   48   3   48
d'être mieux informés de ses ² habitudes.
46   33   46   3
Sachons la vérité des habitants du canton, et
                51   33   37
ensuite nous verrons ce que ³ nous aurons
65   31   13   13   14   8
à faire. Le renard n'était pas curieux de toutes
8   15   31   38   31   38
ces recherches. Je jouis, dit-il, d'une réputation
    8   31   62
excellente, et il ne m'est pas permis de passer

---

1. *De sa compagnie*, tournez, *de la compagnie de lui*.
En général *son, sa, ses, leur, leurs*, se rendent par *is*,
ea, id, quand ils ne se rapportent pas au nominatif de la
phrase.

2. Tournez, *des habitudes de lui*.

3. Tournez, *quelle chose sera à être faite à nous. Quid*
avec le participe en *dus, da, dum*.

                33   65   58   6a
le temps à rien faire. Il m'importe de partir sur-
                    33   3ı
le-champ; suivez-moi donc, ou je serai forcé de
    35 6a
vous dire adieu.

THÈME 70. *Suite.*

        33   3ı 65   3ı   8
Vous l'entendez parler, dit le plus imprudent
    8   29   8   8   33
des trois Coqs. Cette nouvelle assurance me dé-
3ı   3ı   ı3   20   33   35
cide : je suis prêt à suivre le Renard. Cela vous
    55 3ı   3ı   8
regarde, répondirent les deux autres; plaise à
            56   56   56
Dieu que vous ne vous repentiez jamais de
    8   56   3ı   ı3
votre confiance! Le Renard s'en alla bien joyeux.
            6o   3ı
Ce Coq est à moi, dit-il en lui-même, et personne
        62   37   37
ne viendra lui porter du secours. Dès qu'ils
    3ı   8   33   3ı
furent partis, un autre guide se présenta. Vous
    3ı   5o   33
n'accuserez certainement pas celui-ci de dissi-
    5o   5o   3ı
mulation et de perfidie, car c'était [1] un Mou-
                8   8   29
ton, le plus simple et le meilleur des animaux
        3   33   3ı   48
du pays. Tous le comblaient de louanges, et
3ı   37   37
félicitaient les voyageurs.

---

1. Tournez, *car il était un mouton.*

THÈME 71. *Suite.*

    3ı   62   33   3ı
Je n'aurais pas voulu suivre le Renard, dit
                        8   8
aussitôt le Coq soupçonneux; mais les braves
    33   34   59 3ı   59
gens me font plaisir, et je ne m'interdirai
        8   59   3   8
pas les bons offices de celui-ci. L'autre Coq
  3ı   33   3ı
secoua la tête, et lui répondit en ces termes :
            37   37   3   32
Je ne blâme pas le Mouton de sa bonté [1];
    . 6ı   6ı   6ı   3ı   62
mais j'ai besoin d'un guide qui puisse me dé-
      48   48   3ı   ı3
livrer du danger : la forêt ne me paraît pas
  ı3   58   58   62   8   33
sûre; il m'importe d'attendre un autre com-
              3   36   36
pagnon de voyage. Comme il vous plaira [2],
3ı   8   3ı
dit l'autre Coq, et il partit avec le Mouton.
          8   ı3   37
Le Coq prudent resta seul, et il n'eut pas lieu
  6
de se repentir [3].

---

1. *De la bonté de lui.*

2. Comme il vous plaira, *ut tibi libuerit.*

3. *Il n'eut pas lieu de se repentir,* tournez, *lieu de se repentir ne fut pas à lui.*

THÈME 72. *Suite.*

Un dogue surnommé *Fidèle*, vint presque aussitôt lui offrir ses services. Il n'était pas moins honnête que le Mouton ; mais il ne craignait pas de montrer les dents aux ennemis. Chose facile à croire, il jouissait de la meilleure réputation : notre voyageur connut bientôt, par le témoignage des habitants, qu'il lui importait de ne pas se séparer de *Fidèle*. Ils entrèrent donc ensemble dans la forêt : ils n'étaient pas encore bien éloignés, lorsqu'ils trouvèrent les plumes du premier Coq, indignement étranglé par le perfide Renard. Un peu plus loin ils virent la peau du pauvre Robin et les pattes de son imprudent [1] compagnon.

THÈME 73. *Fin.*

Un loup cruel les avait privés de la vie, et leur chair était devenue la pâture du brigand.

---

1. *De son compagnon,* tournez, *du compagnon de lui.*

8   3ı   33
Le troisième Coq traversa paisiblement la forêt;
43 3ı
le Dogue ne lui fit aucun mal [1], et la pré-
8   3   3ı   48   8
sence d'un si bon guide le délivra de toute
48
crainte.

3ı   55   3ı   55
Écoutez, jeunes gens; ceci vous regarde. A
6ı   6ı   6ı
l'entrée de la vie, vous avez besoin de pro-
58   58   62   8
tecteurs; mais il vous importe de faire un bon
33   ı8   ı8   62   33
choix. Il vous sera facile de trouver des Renards
43   3ı   33   33
qui vous promettront monts et merveilles; vous
3ı   33   8   ı8   ı8
verrez des moutons inutiles à vous et à eux-
ı8   56   56   62   33
mêmes. N'ayez pas honte de rejeter ces gens-là.
60   60   62   33   8   3
C'est à vous de choisir l'homme de bien qui peut
33   62   8   ı3
vous défendre. L'ami perfide est dangereux;
8   3ı   8
l'ami tiède ne sert de rien [2]; l'ami zélé est
ı3   8   2ı   2ı
seul digne de confiance.

---

1. *Ne lui fit aucun mal*, tournez, *ne nuisit à lui en aucune manière.*

2. Ne sert de rien, *nihil prodest.*

SYNTAXE DES PRONOMS.

ACCORD DU PRONOM AVEC L'ANTÉCÉDENT.

Deus *qui* regnat. — Pater et mater *quos* amo. —
Virtus et vitium *quæ* sunt contraria.

Le pronom relatif *qui*, *quæ*, *quod*, s'accorde en
genre et en *nombre* avec le *nom* ou *pronom* qui précède
et que l'on nomme *antécédent*. — Quand le relatif *qui*,
quæ, *quod* a *deux antécédents*, on le met au *pluriel*, et
si les *antécédents* sont de *différents* genres, le *relatif*
s'accorde avec le plus *noble*. — Si les deux antécédents
sont des *choses inanimées*, le *relatif* se met au pluriel
neutre.

THÈME 74.

Le soldat qui a remporté la victoire a reçu une
grande récompense de son général. Ma sœur, qui
a composé ce livre, est aimée de tous ceux qui
savent apprécier le vrai mérite. Vous n'avez pas
vu le monstre horrible qui ravage les campagnes.
Le chapeau et l'habit que j'ai choisis sont du meilleur goût. Le perroquet et la guenon que vous
avez achetés paraissent de bien méchants animaux. Le rat et la belette que j'ai vus ronger mes
petites provisions, se repentiront de leur voracité.
Un maître qui ne châtie jamais ses élèves, est
sans doute un maître bon, mais certainement il
n'est pas un bon maître.

QUI *relatif*, QUE *relatif.*

Puer *quem* pœnitet. — Mitte *quem* voles. —
Deus *quem* amo, etc.

(En général, le relatif se met au même cas où l'on
mettrait l'antécédent dont il tient la place : pour le connaître, il n'y a qu'à exprimer cet antécédent au lieu du
relatif qui le représente.) — Quand le verbe latin veut à
un autre cas que le *nominatif* le nom qui est au *nominatif* en français, alors le *qui* relatif se met au même cas
que le verbe latin demande. — Si le *qui* français peut se
tourner par *celui que*, mettez-le au cas que gouverne le
verbe *précédent*. — *Que* relatif se met toujours au cas du
verbe suivant, et s'il est gouverné par deux verbes qui
veulent différents cas, on l'exprime *deux fois*, et on le
met au *cas* de *chaque verbe*.

THÈME 75. *Le phare d'Alexandrie.*

Le phare d'Alexandrie, que vous ne serez peut-
être pas fâchés de connaître, était une tour de
marbre, qu'un des rois d'Égypte, nommé Ptolémée, avait fait bâtir [1]. L'homme qui gardait
cette tour, ou tout autre que vous voudrez, qui
avait intérêt de le faire, allumait, vers le soir,
un grand feu sur la plate-forme de cet édifice, et
la lumière qu'il jetait pendant la nuit, avertissait
les vaisseaux qui étaient en mer [2] du danger
qui les menaçait, s'ils approchaient des rochers

---

1. *Avait fait bâtir*, tournez, *avait ordonné être
bâtie.*

2. *Qui étaient en mer*, tournez, *qui tenaient la haute
mer*, *altum tenere.*

qui défendaient toute la côte, et dont [1] la plupart étaient cachés sous les eaux. Depuis ce temps, les tours que les hommes construisent sur les bords de la mer sont appelées *phares*, du mot *pharos*, nom que portait la tour d'Alexandrie.

DONT *ou* DE QUI.

Deus *cujus* providentiam miramur. — Merces *quâ* dignus est. — Libri *quibus* utor, *et les règles du thème précédent.*

Dont, *de qui*, est toujours gouverné par le mot de la phrase après lequel on peut mettre par interrogation *de qui? de quoi?* Ce mot est ou un *nom*, ou un *adjectif*, ou un *verbe*.

Quand *dont* est gouverné par un *nom*, il se met au génitif. — Quand il est gouverné par un *adjectif*, il se met au cas que régit cet *adjectif*. — Quand il est gouverné par un *verbe*, il se met au cas du *verbe*.

THÈME 76. *Nécessité de l'Histoire.*

L'Histoire, qu'il vous importe surtout de lire et d'étudier, est semblable à une mine féconde dont vous ne connaîtrez jamais assez l'étendue et la profondeur. Les connaissances dont elle enrichira votre esprit sont inappréciables. Vous trouverez des livres dont vous pourrez tirer une grande utilité, mais de tous ceux dont il convient de se servir, les livres que les historiens sacrés et profanes, anciens et modernes, ont composés, sont incontestablement les plus néces-

---

1. *Dont*, tournez, *desquels*, quorum.

saires [1]. Néanmoins je ne voudrais pas vous interdire la lecture des bons auteurs, que tout maître raisonnable doit conseiller et favoriser. La tendre sollicitude dont vous êtes dignes, m'engage à vous donner ces préceptes dont votre jeune âge a besoin.

A QUI. — PAR QUI.

Puer *cui* id utile est. — Romulus à *quo* Roma condita fuit. — Is per *quem* veniam impetravi.

A qui se met au cas que demande le *verbe* ou l'*adjectif* auquel il se rapporte. — *Par qui*, suivi d'un verbe *passif*, se met à l'*ablatif* avec à. — *Par qui*, signifiant *par le moyen duquel*, s'exprime par *per* avec l'*accusatif*.

THÈME 77. *Belle réponse du grand Condé.*

Les Espagnols, par qui la ville de Rocroi était assiégée, n'étaient pas plus courageux que les Français, à qui il importait de les éloigner de cette ville ; mais ils étaient trois fois plus nombreux. Tous les officiers, à qui il paraissait dangereux de les attaquer, représentaient cette chose au prince de Condé, par qui les fonctions de général étaient alors remplies. L'intrépide Gassion, par qui nos soldats avaient obtenu tant de fois des succès, osa même dire au prince, à qui il était

---

1. Il est élégant de n'exprimer l'antécédent qu'après le *qui* ou *que* relatif, et alors on met l'antécédent au même cas que le relatif. *La lettre que vous m'avez écrite m'a été très-agréable :* quas scripsisti litteras, eæ mihi fuerunt jucundissimæ.

cher : « Hélas ! que [1] deviendrons-nous, si nous perdons la bataille ! — Cela ne me regarde pas, répond i e jeune Condé ; l'Être suprême, par qui les batailles sont gagnées, nous favorisera, ou j'aurai perdu la vie avant la fin du combat. »

Pronoms ME, TE, SE, NOUS, VOUS, LE, LA, LES, LUI, LEUR.

Mihi paruit. — *Tibi* promisi librum. — *Hoc* non agam. — Dices *ei*. — Hoc *eis* facile est

Les pronoms *me, te, se, nous, vous*, se mettent au cas que gouverne le *verbe* ou l'*adjectif* auquel ils se rapportent. — *Le, la, les*, se mettent toujours au *cas* du *verbe suivant*, et ils s'accordent en *genre* et en *nombre* avec le *nom* auquel ils se rapportent. — Si *le* n'est pas précédé d'un *nom* auquel il se rapporte, on le tourne par *cela*, et on l'exprime par *hoc, id, illud*. — *Lui, leur*, se tournent toujours par *à lui, à elle, à eux*, et ils sont gouvernés par un *verbe* ou par un *adjectif.*

THÈME 78. *Le Lac Achérusie.*

Il me serait agréable de vous dire aujourd'hui quelque chose du lac [2] Achérusie. Si quelqu'un de vous s'ennuie de m'entendre parler, je ne me fâcherai pas contre lui, mais je l'abandonnerai à son ignorance.

Aux environs de Memphis, ville d'Égypte, était un lac nommé Achérusie. Les habitants

---

1. *Que*, tournez, *quelle chose*, quid. Sons-ent. *negotium.*

2. Tournez, *touchant le lac Achérusie.*

avaient coutume [1] d'embaumer les morts, et
de les enterrer ensuite au delà de ce lac. D'abord
ils les portaient sur le rivage. Tous ceux qui
avaient quelque chose à reprocher aux défunts,
pouvaient les accuser librement devant les juges
à qui le soin d'examiner leur vie avait été confié.
Ceux-ci la scrutaient soigneusement, et personne
ne leur faisait un crime de leur sévérité.

Pronoms EN, Y.

Vidi tuam domum et *illius* pulchritudinem mira-
tus sum. — Res est gravissima, *huic* operam
dabo.

En se tourne par *de lui*, *d'elle*, *d'eux*, *d'elles*, et il
est gouverné ou par un *nom*, ou par un *adjectif*, ou par
un *verbe*. — *Y* se tourne par *à lui*, *à elle*, *à eux*, *à
elles*, et se met au *cas du verbe suivant*.

THÈME 79. *Suite.*

Après qu'ils en avaient sondé les actions bonnes ou mauvaises, et qu'ils avaient entendu le
bien et le mal que chacun en disait, ils pronon-
çaient la sentence, et tous les assistants y souscri-
vaient sans appel. Les défunts qui avaient été
reconnus vertueux, étaient aussitôt transportés
par leurs parents et leurs amis de l'autre côté du
lac. Mais ceux dont la vie avait été jugée criminelle, étaient traités bien différemment. Ils les
jetaient à la voirie parmi les cadavres des ani-

----

1. *Les habitants avaient coutume*, tournez, *il fut en
coutume aux habitants.*

maux qui ont toujours été privés de la sépulture, et qui en sont absolument indignes. Cette coutume des anciens était très-sage. Vous y trouverez l'origine de la fable des enfers, et vous admirerez sans doute les fictions ingénieuses que les poëtes en ont tirées.

Pronom SE.

Superbus *se* laudat. — Vox illa *invenitur* apud Phædrum. — Venenum *sese* in venas insinuat. — Petrus et Joannes *se invicem* laudant.

On exprime SE par *sui*, *sibi*, *se*, en le mettant au *cas* du *verbe*, quand le nominatif est un nom de *chose animée* qui fait sur elle-même l'action que marque le verbe. — Si le pronom SE a rapport à un nominatif de *chose inanimée*, ou même *animée*, qui ne fasse pas sur elle-même l'action marquée par le verbe, on tourne ce verbe par le passif. — Quand SE a rapport à *deux nominatifs* qui font l'un sur l'autre l'action que marque le verbe, on ajoute l'adverbe *invicem*, à moins qu'il ne soit gouverné par une *préposition.*

THÈME 80. *L'Enfant gourmand.*

Un enfant gourmand s'introduisait en cachette dans l'office, et ne s'interdisait ni les biscuits ni les confitures. Quoique sa mère ne se lassât pas de le gronder, il ne se corrigeait nullement ; au contraire, il se trouvait toujours où il y avait quelques friandises à dévorer [1]. Un jour qu'il

---

1. *Quelques friandises à dévorer*, tournez, *si quelque chose de très-agréable pour être dévoré était quelque part, il était toujours trouvé là. Si* avec le subjonctif.

se voyait seul [1] , il aperçut une espèce de gâteau plein d'arsenic, que le cuisinier s'était avisé de préparer pour détruire les souris. Une bonne occasion se présente, dit-il en lui-même, c'est à moi d'en profiter. Le poison se glissa bientôt dans ses veines. Son père et sa mère se lamentèrent, ils se reprochèrent leur faiblesse et leur indulgence; mais il n'était plus temps : la mort s'était emparée de sa proie.

QUI interrogatif [2].

Quis *vestrûm*, ou *ex vobis*, ou *inter vos?* — Uter est doctior, *tune* an *frater?* — *Quis* te vocavit? — *Quem* vocas?

Le QUI interrogatif s'exprime par *quis, quæ, quod,* ou *quisnam, quænam, quodnam;* et le nom pluriel qui suit, se met au *génitif,* ou à l'*ablatif* avec *è, ex,* ou à l'*accusatif* avec *inter.*—*Qui des deux,* ou *lequel des deux,* s'exprime par *uter, utra, utrum,* et les deux *noms* qui suivent se mettent au même cas que *uter.* On met *ne* après le premier, et *an* devant le second. Le *superlatif français* se met au *comparatif* en latin. — QUI interrogatif est tantôt le *nominatif* et tantôt le *régime* du *verbe suivant;* le *nominatif,* quand on peut le tourner par *qui est celui qui......,* et le *régime* quand on peut le tourner par *qui est celui que....*

THÈME 81. *Le petit Enfant questionneur.*

Qui est cet enfant? Qui vous l'a confié? Qui a donc instruit ce petit perroquet? Qui interroge-t-il

---

1. *Qu'il se voyait seul,* tournez, *comme il se voyait seul. Quùm,* avec le subjonctif.

2. Le *qui* interrogatif n'a point d'antécédent; on le connaît quand il peut se tourner par *quelle personne?*

de la sorte? Écoutons-le parler. — Mon ami, qui me donnera cet oiseau vert? Qui enlèvera ce nid? Qui appelleras-tu pour abattre ces vieux arbres? Qui me cueillera cette rose jaune? Lequel des deux, de toi ou de mon papa, est le plus riche? Qui de nous prendra ces poissons rouges? Qui des deux est le plus complaisant, de monsieur ou de mon frère? Qui bourdonne à mes oreilles? Qui tuera cette vilaine mouche? Qui a-t-elle piqué aujourd'hui? Qui lui arrachera son dard? —Emmenez vite ce marmot. Qui pourrait supporter son babil? Qui accuserai-je d'avoir engendré ce petit ennuyeux? Qui me délivrera des enfants questionneurs?

QUE *interrogatif.*

Quid agis? — *Cui* rei studes? — *Quid* virtute pulchrius?

Le QUE interrogatif se tourne par *quelle chose*, et il s'exprime par *quid*, lorsque le *verbe suivant* gouverne l'*accusatif.* — Si le *verbe suivant* gouverne un autre cas, il faut exprimer le mot *chose.* — *Quoi* ou *que*, au commencement d'une phrase, se tourne par *quelle chose*, et s'exprime par *quid.*

THÈME 82. *Un Maître à son élève.*

Que faisais-tu là, paresseux? Que caches-tu si soigneusement? Quoi de plus affreux que ta nonchalance? Que penseront de toi tes parents? Que sera-ce s'il leur plaît de t'interroger? Que ne diront-ils pas?... . Que marmotes-tu entre les dents? Ah! je vois : tu me menaces.... insensé! Que n'étudie pas ton frère? Que ne lit-il pas? Que ne fait-il pas pour me satisfaire? Et toi, que n'imagines-tu pas pour me tourmenter? Quoi de plus aimable que sa conduite? Quoi de plus détestable que la tienne? Hélas! que deviendras-tu un jour? Que ne me reprocheras-tu pas à moi-même? Cependant que n'ai-je pas fait jusqu'ici pour t'exciter au travail?

QUEL, QUELLE.

Quæ ou *quænam* mater liberos suos non amat? — *Quota* hora est? — *Quanta* nobis instat pernicies!.........

Quel, quelle, s'expriment aussi par *quis*, *quæ*, *quod*, ou *quisnam*, *quænam*, *quodnam*, et s'accordent avec le *nom* suivant en *genre*, en *nombre* et en *cas*. (Suivi d'un nom de *chose*, *quel* s'exprime mieux par *quid* avec le génitif.) *Quel, quelle*, signifiant *quantième*, s'expriment par *quotus*, *quota*, *quotum*, et l'on répond par le nombre *ordinal*. *Quel, quelle*, quand on peut ajouter le mot *grand*, s'expriment par *quantus*, *quanta*, *quantum*.

THÈME 83. *La Ferme incendiée.*

Quel ravage fait déjà ce violent incendie! Quel scélérat a pu l'allumer? Quel châtiment le menace, s'il est découvert! Hélas! quel avantage y a-t-il à être si méchant [1]? Quelle femme

---

1. Quel avantage y a-t-il à être si méchant, *tournez*, quel avantage a une si grande méchanceté? *Tanta improbitas.*

aperçois-je derrière ces barreaux? Quels cris!
quels hurlements! quel homme lui porte du secours? Quelle heure est-il? Dix heures. Les
pompiers n'arrivent pas. Quelle douleur est la
mienne! Quelle partie du toit s'est déjà écrou-
lée? Quelle sera la perte du fermier! Quelle
misère lui est réservée! Quel mortel aura pitié
de son sort?

———

Quis te redemit? *Jesus-Christus.*

La *réponse* se met ordinairement au même cas que la
demande. Cependant avec les impersonnels *est*, *refert*,
interest, la réponse, quand elle se fait par un nom, se
met à un autre *cas*.

THÈME 84.

Quel est le plus ancien des dieux? Uranus ou
le Ciel. Quelle femme les anciens donnent-ils à
Uranus? La Terre. Quels fils eurent-ils? Titan
et Saturne. A qui Titan céda-t-il l'empire? A
Saturne son frère. Que dévorait Saturne? Ses
enfants. A qui importait-il de les cacher? A
son épouse. Quels enfants déroba-t-elle à sa fureur? Jupiter, Neptune et Pluton. Par qui Saturne fut-il détrôné? Par Jupiter. Qui eut pitié
de Saturne chassé du ciel? Janus. Quel était
Janus? Un roi du Latium. Comment appelez-
vous l'époque du séjour de Saturne chez Janus?
L'âge d'or. A qui appartenait-il de célébrer
l'âge d'or? Aux poëtes.

Nùm dormis? — *Nonne* vidisti regem? — *Abeat proditor.* — *Ne* insultes miseris. — *Ne* dicat.

Quand on interroge sans *négation*, on met en latin *an* ou *nùm* devant le premier mot, ou *ne* après, et la réponse se fait par le *verbe de l'interrogation.* (*Nùm* s'emploie quand la réponse doit être *négative.*) Si l'interrogation se fait par deux négations, *ne je pas*, *ne tu pas*, etc., on met *an* ou *nonne* devant le premier mot. — Quand on commande, le *verbe* se met à l'*impératif;* mais s'il est à la *troisième* personne, on emploie la *troisième* personne du présent du subjonctif. — Quand on défend, on met *ne* avec le *subjonctif* ou l'*impératif;* ou bien l'on se sert de *noli* pour le singulier, et de *nolite* pour le pluriel, avec l'infinitif. — Si le verbe est à la troisième personne, on se sert toujours de *ne* avec le *subjonctif* [1].

THÈME 85. *Héraclite et Démocrite.*

Savez-vous quelque chose d'Héraclite et de Démocrite? Non. Désirez-vous connaître ces deux philosophes. Oui. N'avez-vous pas vu des gens rire toujours, et d'autres pleurer sans cesse? Quelquefois. Tels furent Héraclite et Démocrite. — Est-ce que vos philosophes étaient fous? — Non certainement. — Ne me cachez donc pas la cause d'une conduite si bizarre. — O hommes, disait Héraclite, d'un ton lamentable, jouissez enfin de la vie; ne vous tourmentez pas ainsi nuit et jour; ne formez pas de si vastes projets. Croyez-vous donc être immortels? — Allons, courage!

---

1. Si l'interrogation tient lieu de *lorsque*, on l'exprime par *quùm.* Avait-il soupé, il s'en allait, *tournez*, lorsqu'il avait soupé, il s'en allait. *Quùm cœnaverat, abibat.*

s'écriait Démocrite en éclatant de rire. Bâtissez de superbes palais, et entreprenez de longs voyages ; amassez des trésors immenses ; que vos neveux jouissent à leur aise du fruit de vos travaux ; qu'ils ne vous accusent pas de négligence. — Ne m'en dites pas davantage : Héraclite et Démocrite étaient plus sages que je ne croyais.

SYNTAXE DES PARTICIPES.

Gallus escam *quœrens* margaritam reperit.
— Urbem *captam* hostis diripuit.

Le *participe* qui se rapporte au *sujet* ou *nominatif* du verbe, s'accorde avec ce *sujet* ou *nominatif* en *genre*, en *nombre* et en *cas*. — Le *participe* qui se rapporte au *régime* du verbe, s'accorde avec ce *régime* en *genre*, en *nombre* et en *cas*. (Le *participe* se rapporte ordinairement au *régime* du verbe, quand ce *régime* est un des pronoms *le*, *la*, *les*, *lui*, *leur*.)

THÈME 86. *Trait d'amour conjugal.*

Un empereur d'Allemagne, assiégeant une ville dont le nom m'est échappé, en réduisit les malheureux habitants à la dernière extrémité. Ceux-ci, forcés ·de se rendre [1], implorèrent la clémence du vainqueur ; mais lui, indigné de leur vigoureuse résistance, ne voulait épargner personne. Enfin, ébranlé pas leurs prières, il permit aux femmes seules de se retirer la vie sauve, emportant avec elles ce qu'elles auraient de plus précieux. Celles-ci, ayant chargé sur leurs

---

1. Tournez, *forcés à la reddition.*

épaules leurs enfants et leurs maris, essayèrent
de les dérober à sa cruauté. L'empereur, devant
entrer dans la ville qui allait être saccagée [1],
se tenait aux portes avec son armée. Emerveillé
d'un spectacle si nouveau, il ne voulut pas
manquer à sa promesse, et, les citoyens devant
être passés au fil de l'épée, il aima mieux leur
pardonner que d'en tirer vengeance.

Partibus factis, sic locutus est leo.

Quand le *participe* ne se rapporte ni au *sujet* ou *nominatif* ni au *régime* du *verbe*, on met à l'*ablatif* ce *participe* et le *nom* auquel il est joint, en les faisant accorder
en *genre* et en *nombre*.

THÈME 87. *Pyrrhus et Cinéas.*

Pyrrhus, roi d'Epire, étant passé en Italie [2]
avec une armée, les Romains se défendirent
courageusement. Néanmoins, la fortune le favo-
risant, ce monarque ambitieux forma des projets plus vastes, et parla en ces termes à Cinéas,
un de ses courtisans : « Les Romains étant vain-
cus, j'attaquerai les peuples de la Grèce. — La
Grèce étant soumise, répondit Cinéas, que
ferez-vous ensuite ? — Cette affaire importante
terminée, j'ai envie d'aller en Afrique. — Les
nations d'Afrique une fois mises sous le joug,
quelle nouvelle entreprise méditerez-vous ?—La
Sicile n'étant pas bien éloignée, il sera facile de
s'en emparer. — Et la Sicile étant domptée,

---

1. Tournez, *qui était devant être saccagées.*
2. En Italie, *in* avec l'accusatif.

où [1] irons-nous ensuite? — Alors, mon cher Cinéas, l'univers étant pacifié, nous retournerons en Grèce, et nous nous livrerons au repos. — Pourquoi n'en jouirions-nous pas dès à présent? » repartit Cinéas.

SYNTAXE DES PRÉPOSITIONS.

NOMS DE MATIÈRE, DE MESURE, DE DISTANCE, D'ESPACE.

Vas *ex auro.* — Velum longum *tres ulnas* ou *tribus ulnis* — *Duobus digitis* major me non es. — Cecidit *decimo* abhinc *passu* ou *ad decimum* abhinc *passum.*

Le *nom* qui exprime la matière dont une chose est faite se met à l'*ablatif* avec *è* ou *ex* [2]. — Le *nom* qui marque la mesure ou la distance, se met à l'*accusatif* ou à l'ablatif sans préposition. — S'il est précédé d'un *comparatif*, il se met toujours à l'*ablatif*. — Le *lieu précis* où une chose est arrivée, se met à l'*ablatif* sans préposition, ou à l'*accusatif* avec *ad*, et alors on se sert du nombre ordinal *primus*, *secundus*, *tertius*, etc.

THÈME 88. *Petite promenade au jardin des Tuileries.*

Mon cousin qui ne connaissait pas la ville de Paris, a voulu visiter aujourd'hui le jardin des

---

1. Où, *quò.*

2. On pourrait aussi du nom de matière faire un *adjectif* qui s'accorde avec le *nom.* Un vase d'or, *vas aureum*; une statue d'airain, *signum œneum.*

Tuileries. La belle grille de fer, longue de plus
de deux mille pieds, a d'abord excité son admi-
ration. Les nombreuses statues de marbre et de
bronze lui ont fait aussi beaucoup de plaisir. Il
était éloigné de vingt pas des orangers, lorsqu'il
a vu des jeunes gens pas plus grands que lui de
trois doigts, se promener fièrement, la tête cou-
verte de chapeaux hauts d'un pied, et dont les
bords avaient un pied et demi de circonférence;
tandis que ¹ leurs habits, d'un drap très-fin,
étaient encore plus courts d'un doigt que sa canne
de jonc, longue de deux pieds environ. A quinze
pas de là, il a remarqué deux femmes dont la
première avait un voile de superbe dentelle, long
de trois aunes et large de deux : la seconde portait un peigne d'or enrichi de diamants.

NOMS DE L'INSTRUMENT, DE LA CAUSE, DE LA
MANIÈRE, DE LA PARTIE, DU PRIX, DE LA
VALEUR.

Ferire *gladio*. — *Fame* interiit. — Vincis *formá*,
vincis *magnitudine*. — Teneo lupum *auribus*.
Hic liber constat *viginti assibus*.

Le nom de l'*instrument* dont on se sert pour faire
quelque chose, la *cause* pourquoi elle se fait, la *manière*
dont elle se fait, et le nom de la *partie*, se mettent à
l'*ablatif* sans préposition. — Le nom qui marque le *prix*,
la *valeur* de quelque chose, se met également à l'*ablatif*
sans préposition.

THÈME 89.
Suite de la petite promenade aux Tuileries.

Ces deux femmes l'emportaient en beauté et

---

¹ Tandis que, *dùm* avec le subjonctif.

en parure sur toutes les autres dames du jardin. Elles tenaient un petit enfant par la main, et paraissaient très-orgueilleuses. Mon cousin fut curieux d'évaluer leurs ajustements. Le voile de l'une, se dit-il à lui-même, a dû coûter douze cents francs, la robe quatre cents, les autres colifichets deux mille; le peigne, le collier et les bagues de sa compagne, six mille; son châle et tout le reste trois mille. Total, douze mille six cents francs. Et tant [1] de malheureux meurent de faim, s'écria-t-il alors! tant de gens se frappent tous les jours de l'épée, du pistolet ou de quelque autre instrument de mort, pour se soustraire [2] à la misère qui les accable! et tant....! Il en aurait dit davantage; mais un des gardiens, l'ayant tiré tout doucement par le bras, l'avertit [3] d'aller philosopher ailleurs.

NOMS DE TEMPS.

Veniet *die dominica*. — Regnavit *tres annos* ou *tribus annis*.

Si l'on veut marquer quand une chose s'est faite ou se fera, *quando*, le *nom de temps* se met à *l'ablatif* sans préposition, et l'on se sert du nombre *ordinal*. — Quand on veut marquer combien de temps une chose a duré ou durera, *quandiù*, le *nom* de *temps* se met à *l'accusatif* ou à *l'ablatif* sans préposition, et l'on se sert du *nombre cardinal*.

THÈME 90. *Le malade.*

Mon frère est tombé malade hier, vingt-quatre

---

1. Tant, *tot.*
2. Pour se soustraire, *ut* avec le subjonctif.
3. L'avertit d'aller, *tournez*, qu'il allât, *ut iret.*

août mil huit cent dix-neuf, à sept heures du matin, et le médecin n'est arrivé qu'à [1] trois heures et demie du soir. Il a ordonné une potion que mon frère a prise à six heures, et une autre qu'il prendra aujourd'hui à onze heures. Sa fièvre a duré trois heures environ, et il en a dormi quatre assez tranquillement. Il avait déjà fait une maladie le mois dernier, mais elle n'avait duré que cinq jours. Celle-ci ne durera pas sans doute plus longtemps, et la semaine prochaine il pourra peut-être sortir avec nous. L'homme qui le soigne a étudié six mois la médecine ; mais il avait déjà exercé son art quinze ou seize ans avant que nous nous servissions de lui.

Tertium annum regnat. — *Tribus abhinc annis* ou *tres abhinc annos* mortuus est. — Id fecit *intra tres dies.* — *Post tres dies* proficiscar.

Quand on veut marquer depuis quel temps une chose se fait, *à quo tempore*, le nom de temps se met à l'*accusatif*, et l'on se sert du nombre *ordinal* ou *cardinal*. — Si le temps est passé, et qu'il ne dure plus, on met le nom de temps à l'*accusatif* ou à l'*ablatif* avec *abhinc*, et l'on se sert du *nombre cardinal*. — Quand on veut marquer en quel espace de temps une chose se fait ou se fera, *quanto tempore*, le nom de temps se met à l'*accusatif* avec *intrà*. — *Dans*, suivi d'un nom de temps, s'exprime par *post* avec l'*accusatif*, quand il peut se tourner par *après*.

THÈME 91. *Les Bâtiments.*

Il y avait quatre ans que mon oncle avait hérité de son père, qui était mort depuis cinq

---

1. Qu'à trois heures, *tournez*, est arrivé seulement à trois heures.

ans, lorsqu'il a fait construire cette petite maison. L'architecte l'a terminée en six mois, et il y a environ deux ans que ce brave homme est mort. Il y avait bien des années qu'il était lié avec mon père, par l'ordre duquel il a construit la tour haute de cinq cents pieds, qui est un des principaux ornements de notre ville. Cet ouvrage admirable fut achevé en cinq ans et trois mois. Il y a trois ans que je ne l'ai vu, et je partirai dans huit jours pour le visiter. Il y a déjà deux ans que mes parents m'invitent à passer chez eux quelques jours ; ils ne diront certainement pas que je leur suis importun [1].

NOMS DE LIEU.

QUESTION *Ubi.* — *Complément de* STATION.

Sum in Galliâ. — Natus est *Avenione.* — Habitat *Lugduni.* — Cœnabam *apud patrem.*

Quand on marque le *lieu où l'on est*, *où l'on fait quelque chose*, c'est la question *Ubi*.

A la question *Ubi*, le nom *de lieu* se met à l'*ablatif* avec *in.* — On sous-entend la *préposition*, quand c'est un *nom propre de ville*. Si le *nom propre de ville* est au singulier et de la *première* ou *seconde* déclinaison, on le met au *génitif*, parce qu'on sous-entend *in urbe.* (Les noms *domus*, *humus* se mettent aussi au *génitif.* On dit encore *militiæ*, *belli*, en temps de guerre, sous-entendu *tempore.*) Le nom de la personne se met à l'*accusatif* avec *apud.*

THÈME 92. *Le Jardinier.*

J'ai quelquefois du plaisir à questionner le

---

1. Que je leur suis importun, *tournez*, moi être importun à eux.

jardinier de mon oncle, dans le jardin duquel je me promenais tout à l'heure. Antoine, lui ai-je dit, pose à terre les arrosoirs, et causons ensemble un moment. Depuis quand demeures-tu à Lisieux ? — Il y a cinq ans que je suis dans cette ville, et quatre ans que je travaille chez votre oncle. — Tu es né en France ? — Oui, monsieur, à Dijon ; j'y suis resté dix-sept ans, et comme nous étions en temps de guerre, j'ai quitté la France pour me soustraire [1] à la conscription. J'étais à Munich, en Bavière, lorsque mon père mourut. Je suis venu recueillir mon petit héritage ; peu de temps après, je me mariai à Lisieux : et depuis cette époque, le bonheur semble fixé au logis.

QUESTION *Quò.* — *Complément de* TENDANCE.

Eo in Galliam. — Ibo *Lutetiam.* — *Eo ad patrem, ad sacram concionem.*

A la question *Quò* le nom du lieu *où l'on va...* se met à l'accusatif avec *in*, quand on *entre* dans le lieu, et *ad* quand on ne *va qu'auprès.* — On sous-entend la *préposition* quand c'est un nom propre de ville, et devant *rus*, *domum.* (Si l'on se sert du verbe *petere* pour exprimer *aller*, on met toujours le nom du lieu à l'*accusatif* sans préposition : je vais au collège, *peto collegium.*) Le *nom* de la *personne* et celui de la *chose* se mettent à l'accusatif avec *ad.*

THÈME 93. *Suite du Jardinier.*

Antoine, je n'approuve pas ta conduite : il

---

1. Pour me soustraire, *tournez*, afin que je ne donnasse pas mon nom pour la guerre, *ut* avec le subjonctif.

eût été plus glorieux pour toi de prendre les armes pour défendre la patrie, que de fuir en Allemagne; mais, cela te regarde: poursuivons. Lorsque tu quittas la maison paternelle, où allas-tu d'abord?—J'allai à Besançon, ville célèbre par sa cathédrale; ensuite je me rendis à Bâle, qui est la première ville de la Suisse, sur les frontières de la France. J'y séjournai environ quinze jours, pendant lesquels j'allai de temps à autre à la campagne, chez un des amis de mon père, qui me conduisit plusieurs fois au spectacle. Ayant quitté Bâle, je ne tardai pas à arriver au lac de Constance, entre la Suisse et l'Allemagne. Quelques jours après, j'entrai dans Kempton, où je trouvai un voiturier qui me transporta à Munich, chez le jardinier du palais, de qui j'étais attendu depuis dix jours.

QUESTION *Undè.* — *Complément de* DÉPART.

La question *Undè* se connaît lorsque le verbe signifie *mouvement* pour *partir* ou *venir* de quelque lieu.

Redeo *ex Galliá.* — Redeo *Lugduno.* — Venio *à patre.*

A la question *Undè,* le *nom* du *lieu* d'où *l'on part,* d'où *l'on vient,* se met met à l'*ablatif* avec *è* ou *ex.* — On sous-entend la *préposition* quand c'est un *nom propre de ville,* et devant *rure, domo.* — Le *nom* de la *personne* et celui de la *chose* se mettent à l'*ablatif* avec *à* ou *ab.*

THÈME 94. *Suite du Jardinier.*

Fort bien, Antoine; et tu ne t'es pas ennuyé en Bavière?—Nullement, monsieur; je liai amitié avec un jeune homme de la Moldavie, qui m'amusait beaucoup par ses récits. A Vienne, il avait vu l'empereur revenir d'une promenade sur les bords du Danube, et lui avait offert des pêches apportées de chez un maître qu'il servait dans cette ville. Le monarque, ayant tiré plusieurs pièces d'or de sa poche, les lui avait données de sa propre main. Une autre fois, il avait rencontré un homme de la Bohême, nouvellement débarqué de la campagne, et qui sortait de la maison d'un des plus riches de la ville. Cet homme lui avait fait accroire mille mensonges. Un de nos compagnons qui venait de Hambourg.... — Antoine, tu me conteras tout cela un autre jour, mais à présent dis-moi quelque chose de ton retour.

QUESTION *Quà.* — *Complément de* PASSAGE.

Quand on marque le lieu *par où l'on passe*, c'est la question *Quà.*

Iter fecit *per Galliam.* — Iter faciam *per domum* avunculi mei. — Constiterunt *Corinthi*, *in loco* nobili. — Eo *Romam*, *in urbem* Italiæ. — Redeo *Lugduno*, *ex urbe* Galliæ. — Habitat *in urbe* Lugduno. — *In domo* Cæsaris, *in rure* amœno.

A la question *Quà*, tous les *noms des lieux par où l'on passe*, se mettent à l'*accusatif* avec *per*. Quand on se sert de *transire*, on met l'*accusatif sans préposition.* — *Par chez*, avec un *nom de personne*, se tourne par *par la*

maison de, et se dit en latin, *per domum.* REMARQUE.
Quand après un *nom propre de ville* se trouve le nom
commun *ville*, *endroit*, on met d'abord le *nom propre*
au *cas* marqué dans chaque *question*, mais on exprime
la *préposition* devant le *nom commun.* — Si le mot *ville*
est devant le *nom propre*, il faut exprimer la *préposition*
et mettre le nom propre au *cas* de la *préposition.* —
Domus et *rus*, suivis d'un *génitif* ou d'un *adjectif*,
prennent la préposition.

THÈME 95. *Suite du Jardinier.*

Avec plaisir, monsieur. Étant sorti de Munich, ville remarquable par le palais du roi,
qui est magnifique, je passai par Ulm, ville de
Souabe, sur les bords du Danube. De là je vins
à Rastadt, château près de Bade, où la paix
entre la France et l'Allemagne fut signée par le
prince Eugène et le maréchal de Villars, l'an
1714. Je m'arrêtai quelque temps à Strasbourg
lieu célèbre par sa cathédrale, dont la tour est
une des plus hautes de toutes celles [1] de la
France. Ayant quitté cette capitale de l'ancienne
Alsace, j'allai voir un de mes parents qui de-
meure dans la ville de Colmar. Je traversai seulement Vesoul, chef-lieu du département de la
Haute-Saône, après quoi je passai par chez un
de mes amis, qui habite un petit village au milieu d'une vallée délicieuse ; après vingt jours
de marche, j'arrivai à Dijon, d'où j'étais parti
trois ans auparavant.

---

1. De toutes celles, *tournez*, de toutes les tours.

SYNTAXE DES ADVERBES.

ADVERBES DE LIEU.

Voyez le tableau des Adverbes de lieu dans la Grammaire
latine de Lhomond.

THÈME 96. *Suite du Jardinier.*

Antoine, je suis satisfait, mais nous devrions
nous tenir ailleurs : le soleil est très-ardent là où
tu es ; moi-même je ne puis plus le supporter ici
où je suis, et en quelque lieu que nous allions,
par quelque endroit que nous passions, il ne nous
incommodera pas davantage. Nulle part je n'ai
éprouvé une chaleur aussi forte. — Ceux qui
restent au dedans peuvent encore s'en défendre :
mais nous, pauvres ouvriers, en été comme en
hiver, nous devons toujours aller au dehors. —
Pourquoi ne passerions-nous point par là, par le
même endroit d'où tu sortais tout à l'heure? D'ici
où je suis, j'aperçois un ombrage charmant où le
soleil ne saurait pénétrer, de quelque endroit
qu'il darde ses rayons. Viens avec moi, Antoine,
et si nous ne sommes pas bien là [1], nous irons
ailleurs. — Permettez [2] que je vide ici mes
arrosoirs, et je vous rejoindrai, quelque part
que vous alliez.

THÈME 97. *Fin du Jardinier.*

Eh bien! Antoine, reprenons le fil de notre

---

1. Si nous ne sommes pas, *en latin*, *si*, avec le futur.
Voy. le thème 100.

2. Permettez que, *en latin*, *sine ut* avec le subjonctif.

*5

conversation. — Mes affaires étant terminées, je ne jugeai pas à propos de rester à Dijon. J'étais curieux de voir Paris, dont j'entendais parler depuis longtemps, quelque part que je fusse. Je vins d'abord à Semur; puis, passant par Auxerre, Joigny, Sens et Melun, j'arrivai enfin dans cette ville immense, qui me parut encore plus belle que je ne croyais. J'y rencontrai un de mes compatriotes qui venait de Lyon, et qui allait à Lisieux. Il m'engagea à le suivre. Nous vînmes ensemble à Mantes, et de là à Évreux. Je désirais beaucoup passer par Rouen, cette antique capitale de la Normandie, si célèbre par son commerce; mais il ne voulut pas y consentir. Nous continuâmes donc notre route, et nous arrivâmes enfin dans cette ville, d'où je ne suis pas sorti depuis ce temps-là. — Mon oncle, qui revenait de la chasse, entra dans le jardin. Ayant entendu sa voix, je me séparai à regret de ce bon jardinier, à qui je donnai six francs pour le récompenser de sa complaisance.

RÉGIME DES ADVERBES DE QUANTITÉ, DE TEMPS ET DE LIEU.

Parùm *vini.* — Ubi *terrarum.* — Pridiè *calendarum.* — En, ecce *lupus*, etc.

Les adverbes de quantité, *parùm*, *multùm*, *plùs*, *minùs*, *satis*, *nimis*, etc., gouvernent le *génitif.* — Les adverbes de temps et de lieu, *ubi*, *nusquàm*, etc., gouvernent le *génitif.* — *Pridiè*, *postridiè*, veulent le *génitif* ou *l'accusatif.* — *En*, *ecce*, voici, voilà, veulent après eux le *nominatif* ou *l'accusatif.* — *Ergo* employé pour *causâ.*, veut le *génitif*, et se met après son *régime.* — *Instar*, comme, veut le *génitif*, et se met après son *régime.* — *Obviàm*, au-devant, veut le *datif.*

THÈME 98. *Aux jeunes gens.*

Les jeunes gens, qui ont ordinairement moins de prudence que de présomption, se promettent toujours assez d'années, et nulle part ils ne songent à la mort, qui, comme le voleur guettant sa proie, va sans cesse au-devant d'eux, et leur tend, hélas! trop de piéges. Pour l'amour d'eux, donnons-leur quelques conseils [1]. Insensés! en quel lieu du monde pourrez-vous dire : Voici un pays où la jeunesse ne craint pas la mort? Le lendemain de leur naissance, la plupart des enfants sont moissonnés par elle, et ceux à qui elle paraît accorder plus de jours, ne sont pas moins exposés à ses coups [2]. La cruelle a plus de force que vous ne pensez; elle ne croit jamais immoler assez de victimes. Cependant elle épargne davantage ceux qui ont beaucoup de sobriété et de modération. Buvez donc peu de vin, ne désirez pas trop de mets, domptez vos passions, voilà le seul moyen de vivre longtemps sur la terre.

---

1. Quelques, *aliquot.*
2. A ses coups, *tournez*, aux coups d'elle.

SYNTAXE DES CONJONCTIONS.

Quùm Athenæ *florerent.* — Quùm id *velis.* —
Dùm canis *ferret carnem.* — Clitellas dùm
portem meas.

Parmi les *conjonctions*, les unes gouvernent le *subjonctif*, les autres gouvernent l'*indicatif*.

Quùm signifiant *lorsque*, ne veut le *subjonctif* que devant l'*imparfait.* — *Quùm* signifiant *puisque, vu que, comme*, régit toujours le *subjonctif.* — *Dùm* signifiant *tandis que*, ne veut le *subjonctif* que devant' l'*imparfait.* — *Dùm*, signifiant *pourvu que, jusqu'à ce que*, veut toujours le *subjonctif*.

THÈME 99. *Sur la mort de Caton.*

Les anciens se trompaient étrangement lorsqu'ils vantaient la mort de Caton comme un prodige de courage. Puisque notre âme est placée dans notre corps comme dans un poste où elle doit rester jusqu'à ce que la divinité lui ordonne d'en sortir, il n'était pas permis à ce Romain de quitter la vie, surtout lorsque sa patrie avait le plus grand besoin de lui. La mort ne l'effrayait pas, pourvu qu'il ne vît point César opprimer ses concitoyens. Mais, lorsqu'il se frappa de l'épée, Caton ne fut qu'un déserteur ' orgueilleux, qui tournait le dos à l'ennemi, tandis qu'il était plus courageux de l'attendre de pied ferme, et de lui résister.

---

1. Ne fut qu'un déserteur, *tournez*, ne fut rien autre chose que, *ou* fut seulement.

Id si *faceres*. — Si *veneris*, pergratum mihi feceris. — Luce ut *quiescam*. — Ut *aiunt*. — Ut ab urbe *discessit*.

Si régit le *subjonctif* devant l'*imparfait* et le *plus-que-parfait*. — Quand après *si* il y a un second verbe au *futur*, on met bien le premier verbe au *même futur*. — *Ut* signifiant *afin que*, *pour*, gouverne toujours le *subjonctif*. — *Ut* signifiant *comme*, *de même que*, veut l'*indicatif*. — *Ut* signifiant *aussitôt que*, *dès que*, veut l'*indicatif*.

THÈME 100. *L'auteur aux élèves.*

Jeunes gens, les règles de syntaxe sont des guides sûrs, qui ne vous manqueront jamais, si vous ne vous lassez pas de les consulter. De même qu'une mère prudente tient d'abord son petit enfant par la lisière, et l'abandonne ensuite peu à peu à lui-même, dès qu'elle le voit marcher d'un pas plus assuré, je me suis efforcé, au commencement de la carrière, d'éloigner les difficultés qui auraient pu vous rebuter dans la pratique de ces règles ; mais insensiblement, comme l'ont toujours fait les maîtres sensés, j'ai placé à dessein quelques obstacles devant vous, pour vous accoutumer de bonne heure à les surmonter. Si mon livre peut vous être utile, je me croirai suffisamment récompensé de mes travaux [1] ; mais si vous n'en retiriez aucun fruit, je me repentirais longtemps de l'avoir composé.

---

1. *Tournez*, je croirai avoir reçu une assez grande récompense de....

RÉCAPITULATION GÉNÉRALE.

THÈME 101. *L'écolier et le Ver à soie.*

Un de ces écoliers très-paresseux qui ne peuvent souffrir le travail ni les livres, menait une vie fort triste. Le collége où il habitait lui paraissait une véritable prison, et lorsqu'il aurait dû rendre grâces à ses parents, il les accusait d'injustice et d'inhumanité. Ce petit garnement avait un ver à soie, ses seules délices et son seul amusement. Un jour, comme il le voyait filer sa coque : « J'admire ta folie, dit-il ; pourquoi t'enfermes-tu toi-même de la sorte ! quel plaisir y a-t-il dans une prison ? Si tu y avais déjà langui deux ans comme moi, tu ne serais pas l'artisan de ton propre malheur. » Le ver à soie lui répondit avec sagesse : « A la vérité, je construis sans cesse les murs de ma prison ; mais bientôt je recevrai la récompense de mon travail et de ma solitude. Je ne serai plus un vil insecte forcé à ramper ; mais, changé en un beau papillon, je m'élèverai au plus haut des airs. »

Jeunes gens, vous comprendrez facilement le sens de cette fable. Le travail n'est jamais sans récompense ; mais un enfant qui passe dans la paresse les premières années de sa vie, sera toujours le dernier des hommes.

THÈME 102. *Sur les différents caractères des enfants.*

Le caractère vif brille comme le feu, qui s'enflamme aussitôt qu'il est attaché à une matière combustible. Si vous ne modérez son ardeur, bientôt il se consume, et l'État perd un citoyen utile. La nonchalance croupit dans une honteuse oisiveté; il faut la presser de l'aiguillon. Un caractère lent veut être attendu : il avance tout doucement, à la vérité, mais du moins il ne se ralentit jamais; et personne n'ignore ce que peut un travail opiniâtre. Vous trouverez des jeunes gens plus légers que le papillon, qui voltige sans cesse de fleur en fleur, et ne se repose jamais assez longtemps sur chacune pour qu'il puisse en exprimer le suc. Ceux-ci ressemblent au vif-argent, dont la mobilité doit être fixée, de sorte que rien ne s'évapore de sa vertu.

THÈME 103. *Suite.*

Il appartient à un maître habile de captiver leur attention; et alors ils paraîtront faire de bon gré ce qu'ils ne font réellement qu'à contre-cœur. Quelques-uns regardent le bien et le mal avec indifférence ; ils s'inquiètent peu des éloges et des punitions. Voilà cette terre froide, odieuse aux laboureurs, et qui exerce si longtemps la vigueur de nos bras. Que dirai-je de cette gaieté pétulante, dont la gravité même de Caton ne saurait modérer les excès? Que dirai-je aussi de cet air sombre auprès duquel le rire n'oserait jamais aborder? Les contraires, comme on dit, sont guéris par les contraires. Faites sortir ceux-ci de leur engourdissement, et réprimez la vivacité des autres.

THÈME 104. *Suite.*

Il ne manque pas non plus de ces esprits précoces, qui ne sont pas plus durables que les fruits dont ils tirent leur nom. Ils ressemblent à ces parfums délicats dont l'odeur fine s'évapore aussitôt qu'elle est sentie. La vanité des parents est la seule cause de ce mal. Insensés! ils veulent recueillir des fruits avant la saison des fleurs. Pour se glorifier d'avoir mis au monde un prodige, ils fatiguent une victime innocente par une application continuelle; il l'écrasent même sous le poids du travail. Or, qu'arrive-t-il de là? Le corps ne peut soutenir l'activité des opérations de l'esprit. Quelle lumière jetteront dans leur midi ces soleils si brillants dans leur aurore? Aucune.

FIN DES THÈMES.

DICTIONNAIRE
DE TOUS LES MOTS FRANÇAIS
CONTENUS
DANS LE COURS DE THÈMES
DE HUITIÈME.

ABRÉVIATIONS EMPLOYÉES DANS CE DICTIONNAIRE.

—tient lieu du mot qui fait le sujet de l'article.

(*q. q.*, *q. ch.*) signifient *quelqu'un, quelque chose*, et indiquent le régime ou complément direct du verbe.

(*à*) (*de*) seuls ou suivis de (*q. q.*) ou de (*q. ch.*) indiquent le régime ou complément indirect du verbe.

(*d. t. g.*) signifient *de tout genre*.

nom. nominatif.
g. génitif.
dat. datif.
acc. accusatif.
abl. ablatif.
inf. infinitif.

m. masculin.
f. féminin.
dép. déponent.
n. neutre.
adv. adverbe.
prép. préposition.
conj. conjonction.
int. interjection.
ind. indéclinable.
comp. composé.
sing. singulier.
pl. pluriel.
monop. monopersonnel.
quest. question.
dir. direct.
indir. indirect.
compar. comparatif.
superl. superlatif.

ABA

A. Voyez la gram., régime indir. des verbes ; quest. ubi, quò; *prép.* à. è, ex, *abl.*

Abandonner, deser-ere, o, is, u-i, t-um. *acc.*; relinqu-ere, o, is, reliqui, relict-um. *acc.*; derelinquere. *comp. acc.* — (*à*), permi-ttere, tto, ttis, s-i, ss-um. *dat.*

Abattre, dejic-ere, io, is,

ABS

dejec-i, deject-um. *accus.*

Abattu (être), confic-i, ior, eris, confect-us sum. *dép. abl.*

Abondant, uber, (*d. t. g.*) *g.* ris.

Abord (*d'*), primò, primùm. *adv.*

Aborder (*à*), appell-ere, o, is, appul-i, appuls-um. ad, *acc.*

Absence, f. absenti-a, æ. *f.*

Absenter (*s'*), ab-esse, sum, es, fu-i. *n.* — (*de*), *abl.* avec *à* ou *ab.*

Absolument, prorsùs. *adv.*

Absoudre, absolv-ere, o, is, i, absolut-um. *acc.* — (*d, q., ch.*) *gén.* ou *abl.*

Accabler, prem-ere, o, is, press-i, press-um. *acc.* — (*écraser*), obru-ere, o, is, i, t-um, *acc.*

Accompagner, comit-ari, or, aris, at-us sum. *dép. acc.*

Accorder, conced-ere, o, is, concess-i, concess-um, *acc.*

Accoutumé, assuet-us, a, um, *g.* i. — *à. dat.*

Accoutumer, assuefac-ere, io, is, assuefec-i, fact-um. *acc.* (*à q. ch.*) *dat.* ou *acc.* avec *ad.*

Accroire (*faire*) *mille men-songes*, mille centones farc-ire, io, is, fars-i, fart-um. (*à q. q.*) *dat.*

Accusation, *f.* crim-en, inis. *n.*

Accuser, insimul-are, o, as, av-i, at-um ; accus-are, o, as, avi, t-um, (*q. q.*) *acc.* (*de q. ch.*), *g.* ou *abl.* — *de* et *l'inf.* argu-ere, o, is, i, t-um. *inf.*

Acharné, infest-us, a, um, *g.* i.

Achérusie, *f.* Acherusi-a, æ. *f.*

Acheter, em-ere, o, is, i, empt-um. *acc.*

Achever, perfic-ere, io, is, perfec-i, t-um. *acc.* ; ad finem perduc-ere, o, is, perdux-i, perduct-um. *acc.*

Acquérir, acquir-ere, o, is, acquisi-vi, t-um. *acc.* ; adipisc-i, or, eris, adept-us sum. *dép. acc.* ; conse-qu-i, or, eris, consecut-us sum. *dép. acc.*

Acteur, *m.* actor, is. *m.*

Actif, ac-er, ris, e. *g.* ris.

Action, *f.* fact-um, i. *n.* Belle —, nobile — ; egre-gium, præclarum facin-us, oris. *n. Mauvaise* —, turpe —.

Activité, *f.* (*des opérations de l'esprit*), vividi mentis impet-us, uum. *m. plur.*

Adieu, vale. *Dire* —, vale-dic-ere, o, is, valedix-i. (*à q. q.*) *dat.*

Admettre, admitt-ere, o, is, admis-i, s-um. *acc.* — *à sa table*, mensæ suæ adhib-ere, eo, es, u-i, it-um. *acc.*

Admirable, mirabil-is, is, e. *g.* is.

Admirer, mir-ari, or, aris, at-us sum. *dép.* (*q. q.*) *acc.*

Adonné, dedit-us, a, um. *g.* i. (*à*), *dat.*

Adorer, ador-are, o, as, av-i, at-um. *acc.*

Adresse, *f.* solerti-a, æ. *f.* industri-a, æ. *f.*

Afrique, *f.* Afric-a, æ. *f.*

Affaire, *f.* re-s, i. *f.* nego-tium, i. *n.*

Affreux, horribil-is, is, e. *g.* is ; horrid-us, a, um. *g.* i.

Age, *m.* æta-s, tis. *f. Jeune* —, ætas juvenil-is.

Agir, ag-ere, o, is, e-gi, act-um. *acc. Manière d'* —, agendi ratio, nis. *f.*

Agneau, *m.* agn-us, i. *m.*

Agréable, grat-us, a, um. *g.* i ; jucund-us, a, um.

g. i; amœn-us, a, um.
g. i; suav-is, is, e. g. is.

Agréablement, eleganter, *adv.* Très —, pereleganter.

Agrément, *m.* gaudi-um, i. *n.*

Ah! heu! proh! *interj.*

Aiguillon, *m.* stimul-us, i. *m.* acule-us, i. *m.*

Aile, *f.* a-la, æ. *f.*

Ailleurs (*avec tendance*), alio; (*avec résidence*), alibi. *adv.*

Aimable, amabil-is, is, e. g. is.

Aimer, dilig-ere, o, is, dilex-i, dilect-um. *acc.* am-are, o, as, av-i, at-um. *acc.*; — *mieux*, mal-le, o, ma-vis, mal-ui. *Il aime à rire*, eum juvat ridere.

Ainsi, sic, ità. *adv.* hoc modo.

Air, *m.* aer, is. *m.* aur-a, æ. *f.* — *sombre*, tristis severita-s, tis, *f.*

Aise (*à son*), commodè. *adv.*

Ajouter, add-ere, o, is, id-i, it-um. *acc.* — (*parler*), subjic-ere, io, is, subjec-i, subject-um. *acc.*

Ajustement, *m.* ornament-um, i. *n.*; cult-us, ûs, *m.*

Alexandre, *m.* Alexand-er, ri. *m.*

Alexandrie, *f.* Alexandri-a, æ. *f.* d' —, Alexandrin-us, a, um, g. i.

Aliment, *m.* aliment-um, i. *n.*

Allemagne, *f.* Germani-a, æ. *f.*

Aller, ire, eo, is, iv-i, it-um. *n.*; pet-ere, o, is, iv-i, it-um. (*dans*) *acc.*

S'en —, ab-ire, eo, is, ii ou iv-i, it-um. — *voir*, invis-ere, o, is, i, um. *acc.*

Allez, age, agite. *interj.*

Allié, affin-is, is, e. g. is. (à) g. ou *dat.*

Allons! courage! eia, agite. *interj.*

Allumer, succend-ere, o, is, i, succens-um, *acc.*; accend-ere, o, is, i, accens-um. *acc.* (à), ex. abl.

Allure, *f.* ingress-us, ûs. *m.*

Alors, tùm; tunc. *adv.*

Alsace, *f.* Alsaci-a, æ. *f.*

Amasser, collig-ere, o, is, colleg-i, collect-um. *acc.* — *des trésors immenses*, auri argentique acervos conger-ere, o, is, congess-i, congest-um.

Ambitieux, ambitios-us, a, um. g. i.

Ambition, *f.* ambitio, n-is, *f.*

Ambroisie, ambrosi-a, æ, *f.* D' —, ambrosi-us, a, um. g. i.

Ame, *f.* anim-a, æ. *f.* anim-us, i. *m.*

Ami, *m.* amic-us, i. *m.*, *Amie*, amic-a, æ. *f.*

Amitié, *f.* amiciti-a, æ. *f.* *Lier* —, amicitias conjung-ere, o, is, conjunx-i, conjunct-um.

Amour, *m.* amor, is. *m.* *Pour l'* — *de vous*, tui ergo.

Amphore, *f.* amphor-a, æ. *f.*

Ample, ampl-us, a, um. g. i.

Amusement, *m.* delectament-um, i. *n.*

Amuser, oblec-tare, o, as, av-i, at-um. *Le jeu l'amuse*, ludus eum juvat.

An, *m.* ann-us, i, *m.*

Ancien, antiqu-us, a, um. g. i.; vet-us, *d. t. g.* eris. superl. veterrim-us, a, um. g. i. *Les* —, veter-es, um. *m. pl.*

Ane, *m.* asinus, i. *m.*

Anglais, *m.* Angl-us, i. *m.*

Animal, *m.* animal, is. *n.*

Année, *f.* ann-us, i. *m.*

Annibal, *m.* Annibal, is. *m.*

Antiquité, *f.* antiquita-s, tis. *f.*

Antoine, Antoni-us, i. *m.*

Août, mensis august-us, i. *m.*

Apercevoir, animadvert-ere, o, is, i, animadvers-um; aspic-ere, io, is aspex-i, aspect-um. *acc.*; cern-ere, o, is, crevi, cret-um.

Apostropher, compell-are, o, as, avi, at-um. *acc.*

Appareil, *m.* apparat-us, ûs. *m.*

Appartenir, esse, sum, fui, (*à*) gén., ou pertin-ere, et, uit. monop. — *à*, ad. acc. *Il appartient à un roi*, est regis. *Il m'* —, meum est. *Ce qui m'* —, quod meum est.

Appel, *m.* provocatio, n-is. *f.* *Sans* —, sine ullâ —, abl.

Appeler, voc-are, o, as, av-i, at-um. acc. — (*nommer*), nomin-are, o, as, av-i, at-um. acc. *S'* —, dic-i, or, eris, dict-us sum. pass.

Applaudir, plaud-ere, o, is, plaus-i, plaus-um. n. dat. *S'* —, sibi plaud-ere, (*de q. ch.*) acc.

Application continuelle, *f.*

laboris diutu nita-s, tis. *f.*

Apporter, affer-re, o, s, attul-i, allat-um. *acc.* defer-re, o, s, detul-i, delat-um.

Apprécier, æstim-are, o, as, av-i, at-um. *acc.*

Apprendre (*par cœur*), disc-ere, o, is, didic-i, discit-um. — acc. (*connaître*), cognosc-ere, o, is, cognov-i, cognit-um (*q. ch.*) acc. (*de q. q.*) ab. abl. — (*instruire*), edoc-ere, eo, es, ui, t-um. (*q. ch. à q. q.*) aliquem rem —.

Approche, *f.* appropinquatio, n-is, *f.*; advent-us, ûs. *m.*

Approcher, acced-ere, o, is, access-i, um. *n.* — *de* ad. acc.

Approuver, prob-are, o, as, av-i, at-um. acc. *Être* —. prob-ari, ari, or, aris, at-us sum, (*de*) dat.

Après, post. prép. acc.

Après que, quùm, subj. postquàm, ind. — quoi, posteà. adv. *Peu* —, paulò post. adv.

Aquilon, *m.* Aquilo, n-is. *m.*

Araignée, *f.* arane-a, æ. *f.*

Arbre, *m.* arbor, is *f.* — *à fruit*, — pomifera. *Vieux* —, antiqu-a —.

Arc, *m.* arc-us, ûs. *m.* — *de triomphe* —, triumphal-is, is, arcus.

Architecte, *m.* architect-us, i. *m.*

Ardent, arden-s, d. t. g. gén. tis. — (*vif*), ac-er, ris, e. g. ris.

Ardemment, ardent r. adv.

Ardeur, *f.* fervor, is. *m.* — (*zèle*), studi-um, i.

Argent, *m.* (*monnaie*), pecuni-a, æ. *f.* (*métal*), argent-um, i. *n.* *Vif* —, vivum argentum.

Aristide, *m.* Aristid-es, is. *m.*

Armée, *f.* exercit-us, ûs. *m.*

Armes, *f. pl.* arm-a, orum. *plur. n.*

Arracher, erip-ere, io, is, u-i, erept-um, *acc.* (*à q. q.*) *dat. ou à, abl.*

Arrêter (*saisir*), comprehend-ere, o, is, i, comprehens-um. *acc.* S' —, consist-ere, o, is, constit-i, um. *n.*

Arriver (*en parlant des personnes*), adven-ire, io, is, i, t-um. *n.* — *à*, perven-ire, *comp.*; (*en parlant des événements*), accid-ere, it. *monop.* *Etre* —, accidisse. (*à*) *dat.* *Il arrive*, evenit. *Le temps arrivera*, tempus eveniet. — *dans un lieu*, locum attin-gere, o, is, attig-i, attact-um.

Arrosoir, *m.* alveol-us, i. *m.*

Arsenic, *m.* arsenic-um, i. *n.* *Plein d'* —, arsenico refert-us, a, um. *g.* i.

Art, *m.* ar-s, tis. *f.*

Artisan, *m.* opif-ex, icis. *m.*

Asie, *f.* Asi-a, æ. *f.*

Assaisonnement, *m.* condiment-um, i. *n.*

Assez, satis. *adv.*

Assiéger, obsid-ere, eo, es, obsed-i, obsess-um. *acc.*

Assistant, adstan-s, d. t. *g.*, *gén.* tis.

Assister (*être présent à*),

ad-esse, sum, est, fui. *n. dat.*

Assurance, *f.* fiduci-a, æ. *f.* audaci-a, æ. *f.*

Assuré, firm-us, a, um. g. i.

Assurément, profecto. *adv.*

Astucieux, astut-us, a, um. g. i.

Athènes, *f.* Athen-æ, arum. *f. pl.*

Athénien, Atheniens-is, is. *m.*

Attaché (*être*) adhær-ere, eo, es, adhæs-i, um. *à*, *dat.*

Attaque, *f.* impet-us, ûs. *m.*

Attaquer, aggred-i, ior, eris, aggress-us sum. *dép. acc.*

Attendre, exspect-are, o, as, av-i, at-um. *acc.* (*de*), à *abl.* *Etre réservé* (*à*), man-ere, eo, es, s-i, s-um. *n. acc.* — *q. q. de pied ferme*, aliquem in ipso vestigio exspectare.

Attention, *f.* attentio, nis. *f.*

Attentivement (*avec attention*), attentè. *adv.*

Attirer (*s'*), mer-eri, eor, eris, itus sum. *dép. acc.*

Aucun, ullus, a, um. g. ius. — *de*, nem-o, inis. — (*ne*), null-us, a, um. g. ius.

Audace, *f.* audaci-a, æ. *f.*

Augmenter, aug-ere, eo, es, aux-i, auct-um. *acc.*

Aujourd'hui, hodiè, *adv.*

Au moins, saltem. *adv.*

Aune, *f.* uln-a, æ. *f.*

Auparavant, anteà. *adv.*

Auprès, ad, propè. *prép. acc.*

Aurore, *f.* auror-a, æ. *f.*

Aussi, quoque, etiam. *adv.* — (*c'est pourquoi*), itaque. *conj.*

Aussitôt, statim, extemplò. *adv.* — *que*, statim *ut veut l'indic.*

Autant, tantùm. *adv.*

Autel, *m.* ar-a, æ. *f.*

Auteur, *m.* auctor, is. *m.*

Autre, alter, a, um. *g.* ius; al-ius, a, ud. *g.* ius. *L'un et l'autre*, ut-erque, ut-raque, ut-rumque, *g.* riusque. *Ni l'un ni l'autre*, neut-er, ra, rum. *g.* rius. *Tout autre*, quivis *ou* quilibet alius. *Les autres*, ceter-i, æ, a. *g.* orum. *plur.*

Autrefois, olim, quondàm. *adv. Une—*, aliàs.

Autrement, aliter. *adv.*

Auxerre (*ville de France*), *m.* Antissiodor-um, i. *n.*

Avancer, progred-i, ior, eris, progress-us sum.

Avant que, antequàm, priusquàm. *subj.*

Avantage, *m.* commod-um, i. *n.*

Avantageux, commod-us, a, um. *g.* i. *Il est —*, expedit. *monop.*, (*à*) *dat.*

Avantageusement, commodè. *adv.*

Avec, cum. *prép. abl. — moi*, mecum. — *toi*, tecum. — *soi ou lui*, secum. *plur.* nobiscum, vobiscum.

Avénement, *m.* (*au trône*), principat-ûs initi-um., i. *n. Avant mon avénement au trône*, antequàm principatum inirem.

Avertir, mon-ere, eo, es, u-i, it-um. (*q. q.*) acc. (*de q. ch.*) *g. ou de abl. Il l'avertit d'aller*, *tournez qu'il allât*, ut iret admonuit. Certiorem fac-ere, io, is, fec-i, fact-um.

Avide, avid-us, a, um. *g.* i.

Avis, *m.* consili-um, i. *n.*

Aviser (*s'*), sibi in animum induc-ere, o, is, indux-i, induct-um.

Avoir, hab-ere, eo, es, ui, it-um. *acc. — se tourne par* être, *et se rend par* esse, sum, es, fui. *J'ai un arbre*, tournez *un arbre est à moi*, arbor est mihi.

Avouer, fat-eri, eor, eris, fass-us sum. *dép. acc.*

B.

Babil, *m.* loquacita-s, tis. *f.*

Babillard, loqua-x, d. t. *g.*, gén. cis.

Bade (*ville d'Allemagne*), Bad-a, æ. *f.*

Badiner, nug-ari, or, aris, at-us sum. *dép.*

Bague, *f.* annul-us, i. *m.*

Bâle (*ville de Suisse*), Basile-a, æ. *f.*

Baleine, *f.* balæn-a, æ. *f.*

Barbare, barbar-us, a, um. *g.* i; imman-is, e. *g.* is.

Barreaux, *m. plur.* cancelli, orum. *m. plur.*

Basse-cour, *f.* chor-s, tis. *f.*

Bataille, *f.* pugn-a, æ. *f. Perdre la —*, à prælio inferior disced-ere, o, is, discess-i, um. *Gagner la —*, victoriam report-are, o, as, av-i, atum.

Bâtiment, *m.* ædifici-um, i. *n.*

Bâtir, ædific-are, o, as, a-vi, at-um. *acc. Il avait fait —*, jusserat ædificari.

Bâton, *m.* fust-is, is. *m.*

Battre (*secouer*), excut-ere, io, is, excuss-i, um. *acc.*

(*frapper*), cæd-ere, o , is , cæcid-i, cæs-um. *acc.*

Battu (*de la tempête*), procellâ jactat-us, a, um. *g.* i.

Baudet, *m.* asell-us, i. *m.*

Bavard , e , *m. f.* loqua-x , d. t. g. *gén.* cis.

Bavière, *f.* Bavari-a, æ. *f.*

Beau, pulch-er, ra, rum. n. i. *comp.* rior, us. *sup.* errim-us, a, um ; venust-us, a, um. *g.* i.

Beaucoup, multùm, *adv.* (*un grand nombre*), mult-i , æ , a. *Devant plus* ou *moins*, multò , magnoperè. *adv.*

Beauté, pulchritud-o , inis. *f.*

Belette, *f.* mustel-a, æ. *f.*

Bénévent (*de*), Beneventin-us, a , um. *g.* i.

Béni, benedict-us, a , um. g. i. (*de*) à. *abl.*

Berger, *m.* pastor, is. *m.*

Besançon, Vesuntio, n-is. *m.*

Besoin, *m.* op-us, eris. *n.* *J'ai* — *de*, tournez — *est à moi de*, opus est mihi. *abl. Les besoins de la vie*, vitæ necessari-a, g. orum. *plur. n.*

Bête, *f.* besti-a , æ. *f.*

Bien, rectè ; benè, meliùs, optimè. *adv. Très* —, graphicè. *adv.* (*eh!*), euge ! *interj.* — (*beaucoup*), multùm. *Devant un nom de choses qui se comptent*, mult-i , æ , a ; plurim-i , æ, a.

Bien (*le*), bon-um , i. *n.*

Bienfait, *m.* benefici-um , i. *neut.*

Bienfaiteur, *m.* benè merit-us , i. (*de*), de *abl.*

Biens (*richesses*), op-es, um. *f. plur.*

Bientôt, mox., brevi. *adv.*

Biscuit, *m.* copt-a, æ. *f.*

Bizarre, vari-us, a, um, g. i.

Blâmable, vituperabil-is, is, e. g. is ; vituperand-us, a, um. g. i.

Blâmer, vituper-are, o, as, av-i, at-um. *acc.* —, *tourner à défaut à q. q.*, vitio alicui vert-ere, o, is, i, vers-um. (q. ch.) *acc.*

Blanc, alb-us, a, um. g. i.

Blé, *m.* frument-um, i. *n.* ; tritic-um, i. *n.*

Bocage, *m.* nem-us, oris. *n.*

Bœuf, *m.* bo-s, vis. *m.* g. pl. bonn, dat. et abl. bobus.

Bohême, *f.* Bohemi-a , æ. *f.* *de Bohême*, Bohemius, a, um, ou Bohem-us, a, um.

Boire, bib-ere, o, is, i, it-um. *acc.*

Bon, bon-us, a, um, g. i. — (*distingué*), eximi-us, a, um. g. i.

Bonheur, *m.* felicit-as, atis. *fém.*

Bonhomie, *f.* summa bonita-s, tis. *f.*

Bonté, *f.* bonita-s, is. *f.*

Bord, *m.* (*d'une rivière*), rip-a, æ. *f.* — *d'un chapeau*, marg-o, inis.

Botte, *f.* ocre-a, æ, *f.*

Bouclier, *m.* scut-um, i, *n.*

Bourdonner, bomb-um emitt-ere, o, is, emis-i, s-um. —*aux oreilles*, ad aures.

Bras, *m.* brachi-um, i. *n.*

Brave (*homme*), optim-us vir, i. *m.* *Braves gens*, bon-i, orum. s.-ent. homines.

Brebis, *f.* ov-is, is.

Brigand, *m.* prædo, n-is. *m.* latro, n-is. *m.*

Brillant, corusc-us , a , um. g. i.

Briller, emic - are , o , as , u-i. *n.* — *par*, emin-ere , eo , es , ui. *abl.*

Briser, frang-ere , o , is , freg-i, fract-um. *acc.* disjic-ere, io , is , disjec-i , disject-um. *acc.*

Broche, *f.* veru , *n. ind. au* sing., *d. pl.* verubus.

Bronze, *m.* æ-s , ris. *n.*

Butin, *m.* præd-a, æ. *f.*

C.

Cacher, abscond-ere , o , is , i , it-um. *acc.* — *q. ch. à q. q.*, aliquid ab oculis alicujus avert-ere , o , is , i , avers-um. *Etre* —, lat-ere, eo, es, ui. *n.*

Cachette (en), clàm: *adv.* furtim. *adv.*

Cadavre, *m.* cadaver, is. *n.*

Calamité, *f.* calamita-s, tis. *f.*

Cambise, *m.* Cambis-es, is. *m.*

Campagne, *f.* ru-s , ris. *n.*

Canne, *f.* bacul-us , i. *m.*

Canton, *f.* regio, nis. *f.*

Capitale, *f.* cap-ut , itis. *n.*

Captiver, allig-are, o , as , av-i, at-um. *acc.*

Car, nam, namque. *conj.*

Caractère, *m.* indol-es , is , *f.* — *lent*, tardita-s , tis. *f.*

Caresser, bland-iri, ior, iris , it-us sum. *dép.*—*q. q. dat.*

Carnage, *m.* cæd-es, is. *f.*

Carrière, *f.* curricul-um, i. *n. Au commencement de la* —, ineunte curriculo.

Carthaginois, Carthaginien-s-is, is, *m. Les* —, Pœn-i , orum. *m. pl.*

Cathédrale, *f.* ecclesi-a cathedralis. *f.*

Caton, *m.* Cato, n-is. *m.*

Cause, *f.* caus-a , æ. *f. A* — *de*, causâ *ou* ergo, g. ob *ou* propter. *acc.*

Causer (parler), garri-re, o , is , iv-i *ou* ii, t-um. *n.* —*(procurer)* affer-re, o, s, attul-i, allat-um. *acc.* —, tournez *être à*, esse , sum , es , fui, *avec deux datifs.*

Ce, *cet*, *pron.* hic , hæc , hoc. g. hujus, *ou* ille , illa , illud. g. illius.

Céder, conced-ere , o , is , concess-i, um. *acc.*

Cela, illud. g. illi-us; id, hoc. g. ejus, hujus.

Célèbre, celeb-er, ris , re. g. is.

Célébrer, celebr-are , o , as , av-i, at-um, *acc.*

Céler, cel-are , o , as , av-i, at-um (*q. ch.*) *acc.* (*à q. q.*) *acc.*

Celui, is , ea , id. g. ejus. *Celui-ci*, hic , hæc , hoc. g. hujus. — *là*, il-le , la , lud. g. illius ; hicce , hæcce, hocce. g. hujusce.

Cent, centum. *ind. Deux cents*, ducent-i , æ , a. *Quatre cents*, quadringent-i , æ , a. *Huit cents*, octingent-i, æ , a. *Huitcentième*, octingentesim-us , a , um. g. i.

Cependant, tamen ; attamen, *conj. Ce dernier mot ne se met qu'au commencement d'une phrase.*

César, *m.* Cæsar, is. *m.*

Certain, cert-us, a , um. g. i. minimè dub-ius , a , um. g. i. *Un* —, quidam , g. cujusdam.

Certainement, profectò. *adv.* certè. *adv.*

Cesse (*sans*), indesinenter. *adv.* perpetuò. *adv.*

Cueillir, leg-ere, o, is, i, lect-um. *acc.*

Chacun, quisque, quæque, quodque. *g.* cujusque. *En parlant de deux*, uterque, utraque, utrumque. *g.* utr-iusque, *ou* ambo. *g.* amb-orum.

Chagrin, *m.* mœror, is. *m.*

Chaine, *f.* caten-a, æ. *f.*

Chair, *f.* car-o, nis. *f.*

Chaleur, *f.* calor, is. *m.* æst-us, ûs. *m.* — *forte*, æstus vehemens.

Champ, *m.* ag-er, ri. *m. Sur le* —, statim, extemplò, illicò. *adv.*

Changer, mut-are, o, as, av-i, at-um.—*en*, in. *acc.*

Chant, *m.* cant-us, ûs. *m.*

Chanter, can-ere, o, is, cecin-i, cant-um. *acc.*

Chapeau, *m.* petas-us, i. *m.*

Char, *m.* curr-us, ûs. *m.*

Chardon, *m.* cardu-us, i. *m.*

Charge, *f.* on-us, eris. *n.*

Chargé, *f.* onust-us, a, um. *g.* i.

Charger (*se*), suscip-ere, io, is, suscep-i, t-um, — *de*, *acc.*

Charmé, amœn-us, a, um. *g.* i; jucundissim-us, a, um. *g.* i.

Charmes, (*cela a des — pour moi*); id me juvat. monop. de juvare, o, as, juv-i, ju-tum.

Chasse, *f.* venatio, n-is. *f.*

Chassé, expuls-us, a, um. *g.* i. (*de*) *abl.*

Chasser (*aller à la chasse*), ven-ari, or, aris, atus sum. *dép.*

Chasseur, *m.* venator, is. *m.*

Chat, *m.* fel-es, is. *m.*

Château, *m.* castell-um, i. *n.*

Châtier, castig-are, o, as, av-i, at-um. *acc.*

Châtiment, *m.* supplici-um, i. *n.*

Chatte, *f.* fel-es, is. *f.*

Chaud (*le*), *m.* calor, is. *m.*

Chemin, *m.* it-er, itiner-is. *n.* vi-a, æ. *f.*

Chéne, *m.* querc-us, ûs. *f.*

Cher, car-us, a, um. *g.* i. — *à*, *dat.*

Chercher, quær-ere, o, is, quæsiv-i, quæsit-um. *acc.* — *partout*, quærit-are, o, as, av-i, at-um. *acc.*

Chéri, dilect - us, a, um. *g.* i.

Cheval, *m.* equ-us, i. *m.*

Chez, apud. *prép. acc. quand il y a résidence.* ad. *acc. quand il y a tendance.*

Chien, *m.* can-is, is. *m.*

Choisir, elig-ere, o, is, eleg-i, electum. *acc.*

Choix, *m.* delect-us, ûs. *m. Faire un bon* —, bonum delectum habere.

Chose, *f.* re-s, i. *f. Quelque* —, aliquid. *Une* — unum.

Christ, Christ-us, i. *m.*

Ciel, *m.* cœl - um, i. *n.*; *plur.* cœl-i, orum. *m.*

Cicéron, Cicero, n-is. *m.*

Cigale, *f.* cicad-a, æ. *f.*

Ciguë, *f.* cicut-a, æ. *f.*

Cinéas, Cine-as, æ. *m.*

Cinq, quinque, *ind.*—*cents*, quingent-i, æ, a. *Cinquième*, quintus, a, um. *g.* i.

Circonférence, *f.* orb-is, is. *m. Avoir un pied et demi de* —, sesquipedem orbe collig-ere, o, is, colleg-i, collect-um.

Cire, *f.* cera, æ. *f. De —*, cere-us, a, um. *g.* i.

Cirer, incer-are, o, as, av-i, at-um. *acc.*

Citadelle, *f.* ar-x, cis. *f.*

Citoyen, *m.* civ-is, is. *m.*

Classe, *f.* schol-a, æ. *f.*

Clef, *f.* clav-is, is. *f.*

Clémence, *f.* clementi-a, æ. *f.*

Cœur, *m.* cor, dis. *n.*

Colère, *f.* ir-a, æ. *f. Se mettre en —*, irasc-i, or, eris, irat-us sum.—*contre* q. q. *dat.*

Colifichets, *m.* nug-æ, arum. *f. pl.*

Collège, *m.* collegi-um, i. *n.*

Collier, *m.* torqu-es, is, *ou* torqu-is, is. *m.*

Colmar (*ville de France*), Colmari-a, æ. *f.*

Combat, *m.* pugn-a, æ. *f.*; præli-um, i. *n.*

Combattre, pugn-are, o, as, av-i, at-um.

Combler, cumul-are, o, as, av-i, at-um, (q. q.) *acc.* (*de q. ch.*) *abl.*

Combustible, arid-us, a, um. *g.* i.

Comédie, *f.* comœdia, æ. *f.* spectacul-um, i. *n.*

Commander, imper-are, o, as, av-i, at-um. *acc.*

Comme, quùm, *veut le subj.* ut, *l'ind.* —, *de même que*, quemadmodùm, seu. —, *de même*, veluti. — *moi*, haud secùs ac egò. — *il vous plaira*, ut tibi libuerit. — *un voleur*, latronis instar.

Commencer, incip-ere, io, is, incep-i, t-um. *acc.*

Commencement, *m.* initi-um, i. *n.*

Comment, quomodò, qui, *adv.*

Commerce, *m.* commerci-um, i. *n.*

Commun, commun-is, is, e. *g.* is.

Communion (*sainte*), sacrum Christi corpus, oris. *n.* Sacrum epul-um, i. *n.*

Compagne, *f.* com-es, itis. *f.*

Compagnie, *f.* societa-s, tis. *f.*

Compagnon, *m.* (*de voyage*), itineris soci-us, i. *m.* —, com-es, itis. *m.*

Compatriote, *m.* popular-is, is. *m.*

Complaisance, *f.* obsequenti-a, æ. *f.*

Complaisant, obsequen-s, d. t. g., *gén.* tis.

Composer, compon-ere, o, is, compos-ui, it-um. *acc.* —*un ouvrage*, librum *ou* opus scrib-ere, o, is, scrips-i, script-um.

Composition (*action de composer*), scriptio, n-is. *f.*

Comprendre, intellig-ere, o, is, intellex-i, intellect-um. *n. acc.*

Concert, *m.* concent-us, ûs. *m.*

Concitoyen, *m.* civ-is, is. *m.*

Condamner, damnare, o, as, av-i, at-um. (q. q.) *acc.* (*à*) ad. *acc.*; *gén.* ou *dat. sans prép.* — *à mort*, capite addic-ere, o, is, addix-i, addict-um. *acc.* *Etre condamné à*, *avec un verbe*, jub-eri, cor, eris, jussus sum. *infin.*

Condé (*le prince de*), princeps Condat-us, i. *m.*

Conduire, duc-ere, o, is,

dux-i, ct-um. *acc.* — *à*, ad. *acc.* —, *transporter*, asportare, o, as, av-i, at-um. *acc.*

Conduite, *f.* agendi ratio, n-is. *f.*

Confesseur, *m.* pœnitentiæ sacramenti administ - er, ri. *m.*

Confiance, *f.* fiduci-a, æ. *f.* fide-s, i. *f.*

Confié, credit-us, a, um. *g.* i. (*à*) *dat.*

Confier, committ-ere, o, is, commis-i, sum. *acc.* cre-d-ere, o, is, idi, it-um. *acc.*

Confitures, *f.* pom-a, orum, saccharo condit-a, orum. *n.*

Connaissance, *f.* notio, n-is. *f.*

Connaître, cognosc-ere, o, is, cogn-ovi, it-um. *acc.* de ou *par*, ex. *abl.* novisse, i, nosc-ere.—*à fond*, penitùs cognitum hab-ere, eo, es, u-i, it-um.

Conquérant, *m.* (*dompteur de nations*), gentium domitor, is. *m.*

Conscience (*en*), bonâ fide.

Conscription, *f.* nomen militiæ *ou* bello datum. *n.*

Conseil, *m.* consili-um, i. *n.*

Conseiller, suad-ere, eo, es, suas-i, um. (*q. q.*) *acc.* (*à q. q.*) *dat.*

Consentir (*à une chose*), rem comprob-are, o, as, av-i, at-um.

Conserver, serva-re, o, as, av-i, at-um. *acc.*

Considérable, ingen-s, d. t. *g.* tis; insign-is, is, e; grand-is, is, e. *g.* is.

Conspirer, conspir-are, o,

as, av-i, at-um.—*contre q. q.*) in. *acc.*

Consoler, consol - ari, or, aris, at-us sum. *dép. acc.*

Constance (*lac de*), Constantiensis lacus, ûs. *m.*

Construire, ædific-are, o, as, av-i, at-um; exstru-ere, o, is, x-i, ct-um. *acc. Faire.* —, ædificari jub-ere, eo, es, juss-i, um.

Consulter (*les livres*), libros ad-ire, eo, is, ii *ou* iv-i, it-um.

Consumer (*se*), dissip-ari, or, aris, atus sum. *v. pass.*

Content, content-us, a, um. *g.* i. *abl.*

Contenter, satisfac-ere, io, is, feci, fact-um. (*q. q.*) *dat.*

Contempler, contempl-ari, or, aris, atus sum. *dép. acc.* intu-eri, eor, eris, it-us sum. *dép. acc.*

Conter (*raconter*), narr-are, o, as, av-i, at-um. *acc.*

Continuer, perg-ere, o, is, perre-xi, perrect-um. *acc.*

Contraire, contrari-us, a, um. *g.* i. *Au* —, è contrariò; contrà. *adv.*

Contre, adversùs. *prép. acc.*

Contre-cœur (*à*), invit-us, a, um. *g.* i.

Contrée, *f.* regio, n-is. *f.*

Convaincre, convinc-ere, o, is, convic-i, t-um. (*q. q.*) *acc.* (*de q. ch.*), *abl. ou g.*

Convenir (*être convenable*), dec-ere, et, uit. *monop. à*, *acc.*

Convive, *m.* conviv-a, æ. *m.*

Coq, *m.* gall-us, i. *m.*

Coque, *f.* folliculus, i. *m.*

Coquille, *f.* test-a , æ. *f.*
Coquin , *m.* balatro , n-is. *m.*
Coriolan , Coriolan-us , i. *m.*
Corps , *m.* corp-us , oris. *n.*
Correct , emendat-us, a, um. g. i.
Correcteur , *m.* plagos-us , i. *m.*
Corriger , castig-are , o , as , av-i , at-um. *acc.* *Se*—, se ad meliorem frugem recipere, io, is, recep-i, t-um.
Côte (*rivage*), litt-us , oris. *n.*
Côté (*de l'autre*) , trans. *prép. acc.*
Couché, recuban-s, *d. t. g.* tis.
Couleur, *f.* color, is , *m.*
Coup, *m.* ict-us , ûs. *m.*
Coupable, nocen-s , *d. t. g.* tis ; son-s , tis. .
Courage, *m.* fortitud-o, inis. *f.* ; anim-us, i. *m.* ; virt-us, utis. *f.*
Courageusement, fortit - er. *adv.* iùs , issimè.
Courageux, fort-is , is , e. g. is.
Courir, curr-ere, o , is , cucurri, curs-um. *n.*
Courroux, *m.* ir-a, æ. *f.*
Court, brev-is, is , e. g. is ; curt-us, a , um. g. i.
Courtisan, *m.* aulic-us , i. *m.*
Cousin, *m.* consobrin-us, i. *m.*
Cousine, *f.* consobrin-a, æ. *f.*
Coûter, const-are , o , as , it-i , um. *n.*
Coutume, mo-s , ris. *m. Ils avaient* — , iis in more fuit.
Couvert, opert-us , a , um. g. i.
Couverture , *f.* toral , is. *n.*

Couvrir (*se*), obru-i, or, eris , t-us sum. *abl.*
Craindre, tim-ere, eo, es , ui. *acc.*
Crainte, *f.* met-us, ûs. *m.* ; formid-o, inis. *f.* ; timor, is. *m.*
Créateur, *m.* creator, is. *m.*
Créature, *f.* animan-s, *d. t. g.* tis.
Cri, *m.* clamor, is. *m.*
Crime, *m.* scel-us , eris. *n. Faire un*—, vitio vert-ere, o, is, i, vers-um (*de q. q. ch.*) *acc.* (*à q. q.*) *dat.* ; crim-en, in-is. *n.*
Criminel, scelest-us , a , um, g. i ; son-s , tis ; perfid-us, a , um. g. i.
Croire, cred-ere, o, is, id-i, it-um. *acc.*
Croupir, marcesc-ere, o , is, ui. *n.*
Cruauté, *f.* crudelita-s , tis. *f.*
Cruel, crudel-is, is, e. g. is ; imman-is , is , e. g. is.
Cuisinier, *m.* coqu-us , i. *m.*
Cultivateur, *m.* cultor, is. *m.*
Curieux (*qui désire*), cupid-us , a , um. g. i.
Curiosité, *f.* curiosita-s, tis. *f.*
Cynique, cynic-us, a , um. g. i.

D.

D'abord. Voy. *Abord.*
Dame, *f.* matrona , æ. *f.*
Danger, *m.* pericul-um, i. *n.*
Dangereux, metuend-us, a, um. g. i.
Danube, *m.* (*fleuve d'Allem.*), Danubi-us, i. *m.*

Dans, in, *avec tendance*, · *acc.; avec résidence. abl.*

Danse, *f.* saltatio, n-is. *f.*

Danser, saltit-are, o, as, av-i, at-um. *n.*

Dard, *m.* acul-eus, ei. *m.*

Darder, emitt-ere, o, is, emis-i, s-um. *n.*

Davantage, plùs, magis, ampliùs. *adv.* plura, *sous-ent.* verba *ou* negotia.

Débarqué, appuls-us, a, um. g. i. *Nouvellement* —, recens. d. t. g. tis. *abl.*

Débauche, *f.* comessatio, n-is. *f.*

Débauché, dissolutu-s, a, um. g. i.

Décider, labantem allic-ere, io, is, allex-i, allectum.

Découvrir, deteg-ere, o, is, detex-i, detect-um. *acc.*

Décrit, descriptus, a, um. g. i. *Très-bien* —, graphicè descriptus.

Dédaigner, dedign-ari, or, aris, at-us sum. *dép.*

Dedans, intùs, *prép. acc. Voyez les adverbes dans les questions de lieu.*

Déesse, *f.* de-a, æ. dat. et abl. plur. deabus.

Défaut, *m.* viti-um, i. n.

Défendre, defend-ere, o, is, i, sum. *acc.* —(*protéger*), tue-ri, or, ris, tuit-us sum. *dép. acc. Se* —, se defendere.

Défenses (*du sanglier*), *f.* dent-es, ium. m.

Défunt, defunct-us, a, um. g. i.

Dégoûtant, fastidios-us, a, um. g. i.

Dehors, foràs. *adv. Au* —, extrinsecùs. *Voy. les adv. aux questions de lieu.*

Déjà, jàm. *adv.*

Delà (*au*), trans. *acc.*

Délicat, delicat-us, a, um. g. i; mollicul-us, a, um. g. i; subtil-is, is, e. g. is.

Délices, *f.* delici-æ, arum. *f. plur. Ses seules délices*, unicæ ejus deliciæ. *Vivre dans les* —, luxuri-are, o, as, avi, at-um.

Délicieux, jucundissim-us, a, um. g. i.

Délit, *m.* delict-um, i. n.

Délivrer, exim-ere, o, is, exem-i, exempt-um (*q. q.*) acc. (*de q. q. ch.*) ab. abl. ou *abl. s. prép.* liber-are, o, as, av-i, at-um.

Demander, pet-ere, o, is, iv-i, it-um. (*q. ch.*) acc. (*à q. q.*) ab. abl.

Demeurer, man-ere, eo, es, s-i, s-um; habit-are, o, as, av-i, at-um.—(*séjourner*), commor-ari, or, aris, at-us sum. — *dans*, in. *abl.*

Demi, dimidi-us, a, um. g. i.

Démocrite, *m.* Democritus, i. m.

Démon, *m.* dæmon, is. m.

Dent, *f.* den-s, tis. m. *Mettre sous la* —, denter-ere, o, is, triv-i, trit-um. *Montrer les* —, minari dentes.

Dentelle, *f.* denticulatum text-um, i. n.

Département, *m.* monarchi-a, æ. *f.*; præfectur-a, æ. *f.*

Dépenser (*faire les dépenses*), sumptus ag-ere, o, is, eg-i, act-um.

Déplorable, miserand-us, a, um. g. i.

Dépouiller, nud-are, o, as, avi, at-um ; spoli-are, o, as, avi, at-um. (*q. q.*) acc. (*de q. ch.*) abl.

Depuis, à *ou* ab. *prép. abl.* — *ce temps*, ab illo tempore. — *longtemps*, jàm pridem. *adv.* è *ou* ex. *pr. abl.*

Dernier, ultim-us, a, um. g. i. *En ne parlant que de* deux : posterior, is. — (*le plus vil*), abjectissim-us, a, um. g. i.

Dérober, subduc-ere, o, is, subdu-xi, subduct-um. (*q. ch.*) acc. (*à q. q.*) dat.

Derrière, ultrà. acc. post. *prép. acc.*

Désagréable, molest-us, a, um. g. i. injucund-us, a, um. g. i.

Désert, desert-us, a, um. g. i.

Déserteur, m. desertor, is. *m.*

Désir, m. cupid-o, inis. *f.* cupidit-as, atis. *f.*

Désirable, optand-us, a, um. g. i.

Désirer, appet-ere, o, is, iv-i, it-um. acc. cup-ere, io, is. acc. av-ere, eo, es. n. *Qui—*, cupid-us, a, um. g. i.

Désireux, cupid-us, a, um. g. i.

Désobéissant, inobsequen-s, d. t. g. tis.

Désolé, luctu perdit-us, a, um. g. i.

Dès que, ut, statim ut. *veut* l'ind., ubi ; ubi semel. *Dès à présent*, jàm nunc.

Dessein, m. consili-um, i. *n. A—*, de industriâ.

Destruction, f. exiti-um, i. *n.*

Déterminer (*décider*), induc-ere, o, is, indux-i, induct-um.

Détestable, detestand-us, a, um. g. i.

Détester, detest-ari, or, aris, at-us sum. *dép. acc.* ; odisse, odi, odisti, odit, os-um.

Détourner, deduc-ere, o, is, dedux-i, deduct-um. (*q. q.*) acc. (*de q. ch.*) ab. abl. ; retrah-ere, o, is, retrax-i, retract-um. (*de*) ab. abl. ; deterr-ere, eo, es, u-i, it-um. (*de*) ab. abl.

Détrôner, regno detrud-ere, o, is, detrus-i, detrus-um. acc.

Détruire (*faire mourir*), enec-are, o, as, av-i, at-um et t-um. acc.

Deux, duo, æ, o. *Tous les* —, amb-o, æ, o ; ut-erque, raque, rumque. g. utriusque. — *cents*, ducent-i, æ ; a. —*fois*, bis.

Devant (*en présence*), coràm, abl. *Au* —, obviàm, *adv. dat.* —, antè. *prép. acc.*

Devenir, fi-eri, o, is, fact-us sum. *pass.* de facio, *Que deviendrons - nous ?* quid fiet de nobis ?

Devoir, m. offici-um, i. *n.*

Devoir, deb-ere, eo, es, ui, it-um. acc. *Dû*, debit-us, a, um. g. i.

Dévorer, vor-are, o, as, av-i, at-um. acc. *Des friandises à* —, suavissimum aliquid devorandum. Devor-are. comp. acc.

Diamant, m. adama-s, ntis. *m.*

Dieu, m. De-us, i. *m. Plaise*

à—, utinam. *adv.* *De —*,
divin-us, a, um.
Différemment, aliter. *adv.*
Bien —, longè aliter.
Différent, vari-us, a, um.
g. i.
Difficile, difficil-is, is, e.
g. is. — *à, supin en u.*
Difficulté, *f.* difficulta-s,
tis. *f.*
Difforme, deform-is, is, e.
g. is. — *(de corps)*, dis-
tort-us, a, um. g. i.
Digne, dign-us, a, um. g. i.
abl.
Dijon, *m.* Divio, n-is. *m.*
Diligence, *f.* diligenti-a,
æ. *f.*
Diligent, diligen-s, d. t. g.
tis ; sedul-us, a, um, g. i.
Diner, *m.* prandi-um, i. *n.*
Diner, prand-ere, eo, es, i,
prans-um. *n.* *Faire un —*
délectable, jucundissimè
prandere.
Diogène, *m.* Diogen-es, is.
m.
Dire, dic-ere, o, is, dix-i,
dict-um. (*q. ch.*) acc. (*de*
q. q.) de. abl. ; loqu-i, or,
eris, locut-us sum. *dép.*
acc. *Dit-il*, inquit. *Dites-*
vous, inquitis.
Discours, *m.* oratio, n-is. *f.*
—(*conversation*), sermo,
n-is. *m.* — (*mauvais pro-*
pos), dicteri-um, i, *n.*
Disposé, parat-us, a, um.
g. i. à, ad. acc.
Dissimulation, *f.* dissimula-
tio, n-is. *f.* ; frau-s, dis. *f.*
Dissipation, *f.* oblectatio,
n-is. *f.*
Dissolu, *f.* dissolut-us, a,
um. g. i.
Divinité, *f.* num-en, inis.
n. ; de-us, i. *m.*
Dix, decem. *indécl.* — *heu-*

res, horâ decima. — *sept*,
septemdecim. *indécl.*
Dixième, decim-us, a, um.
g. i.
Dogue, *m.* moloss-us, i. *m.*
Doigt, *m.* digit-us, i. *m.*
Domestique, *m.* famul-us,
i. *m.* ; serv-us, i. *m.*
Dompter, dom-are, o, as,
u-i, it-um. acc. — *ses pas-*
sions, turbatos animi mo-
tus cohib-ere, eo, es, ui,
it-um.
Donc, igitur ; ergò. *conj.*
Donner, d-are, o, as, ed-i,
at-um (*q. ch.*) acc. (*à q. q.*)
dat. — *du secours.* Voy.
Secourir. — *des préceptes*,
præcepta trad-ere, o, is,
id-i, it-um.
Dont, *après un nom singul.*
cujus. *Après un nom plur.*
m. ou n. quorum *ou* l'abl.
Voy. *la Grammaire.*
Dormir, dorm-ire, io, is,
iv-i, it-um. *n.*
Doucement (*tout*), lentè.
adv. ; leviter. adv.
Douceur, *f.* mansuetud-o,
in-is. *f.* ; lenita-s, tis. *f.*
Doué, prædit-us, a, um. g.
i. abl.
Douleur, *f.* dolor, is. *m.*
Doute, *m.* dubi-um, i. *n.*
Sans —, sine dubio ; haud
dubiè ; sanè ; profectò.
Doux (*de caractère*) ; mit-
is, is, e. g. is ; mansuet-
us, a, um. g. i. — *agréa-*
ble, suav-is, is, e. g. is ;
dulcis, is, e. g. is. à q. q.
ou *pour q. q.* dat.
Douze, duodecim. *indécl.*
—*cents*, mille et ducent-i,
æ, a, g. orum.
Drap, *m.* (*étoffe*) pann-us,
i. *m.* — *très-fin*, tenuis-
simæ texturæ.

Droit, *m.* ju-s, ris. *n. User de son* —, jus suum tenere, eo, es, u-i, t-um.
Duc, *m.* du-x, cis. *m.*
Dur, dur-us, a, um. *g.* i.
Durable, diuturn-us, a, um. *g.* i.

E.

Eau, *f.* aqu-a, æ. *f.*
Ebranlé, commot-us, a, um. *g.* i. *abl.*
Echapper, effug-ere, io, is, i, it-um. *n.* — *au danger*, effugere periculum.—, *en parlant des choses*, excidere, o, is, i. *n. Son nom m'est échappé*, ejus nomen mihi excidit.
Eclater (*de rire*), risu dissil-ire, io, is, u-i, dissult-um.
Eclos, e, expansus, a, um. *g.* i.
Ecolier, *m.* discipul-us, i. *m.*
Econome, parc-us, a, um. *g.* i.
Ecorce, *f.* cortex, ic-is, *m.*
Ecouler (*s'*), efflu-ere, o, is, x-i, x-um. *n.*
Ecouter, aud-ire, io, is, iv-i, it-um. *acc.* — (*faire attention*), attend-ere, o, is, i, attent-um.
Ecraser, obru-ere, o, is, i, t-um. *acc.*
Ecrier (*s'*), exclam-are, o, as, av-i, at-um. *n.*
Ecrire, scrib-ere, o, is, scrips-i, script-um. (*q. ch.*) *acc.* (*à q. q.*) *dat.* ou ad. *acc.*
Ecrouler, corru-ere, o, is, u-i, t-um. *n.*
Ecu, *m.* nummus, i. *m.*

Edifice, *m.* æd-es, is, *f.*; ædifici-um, i. *n.*
Education, *f.* institutio, n-is. *f.*
Effet (*en*), reipsâ, reverâ, enimverò. *conj.*
Efforcer (*s'*), con-ari, or, aris, at-us sum. *dép.*; certare, o, as, av-i, at-um.
Effrayer, terr-ere, eo, es, u-i, it-um. *acc.*
Effronté, impuden-s, d. t. *g.* tis.
Egal, æqual-is, is, e. *g. et dat.*
Egalement, pariter. *adv.*
Egarement, *m.* imprudenti-a, æ. *f.*
Eglise, *f.* ecclesi-a, æ, *f.*
Egoïste, *m.* sui unicè et nimio plùs am-ans, d. t. *g.* antis.
Egypte, *f.* Ægyptus, i. *f.*
Egyptien, *m.* Ægyptius, i, *m.*
Eh bien! eheus !
Elément, *m.* element-um, i. *n.*
Elève, *m.* discipul-us, i. *m.* alum-nus, i. *m.*
Elevé, sublim-is, is, e. *g.* is. *Bien* —, liberaliter educat-us, a, um. *g.* i.
Elever (*s'*), surg-ere, o, is, surrex-i, surrect-um.—*au plus haut des airs*, sublimes in auras surgere.
Eloge, *m.* lau-s, dis. *f.*
Eloigné (*être*), dist-are, o, as, distit-i, distit-um *et* distat - um. *n.* ab - esse, sum, fui. (*de q. q.*) ab. *abl.*
Eloigner, remov-ere, eo, es, i. remotum (*q. q.*) *acc.* (*de q. ch.*) ab. *abl.* repell-ere, o, is, repul-i, s-um. *acc.*, de ab. *abl.* *S'*—, reced-ere, o, is, recess-i, um. (*de q. ch.*) ab. *abl.*

proced-ere , o , is , process-i , um. (*de*), ab. *abl.*

Embaumer (*les morts*), mortuorum corpora cond-ire, io, is, iv-i, itum.

Emerveiller (*s'*), mir-ari , or, aris, at-us sum. *dép.* *acc.*

Emmener, abduc-ere, o, is, abdux-i, abduct-um. *acc.*

Emparer (*s'*), pot-iri, ior, iris , it-us sum. *dép. abl.* *— par les armes*, armis occup-are, o, as, av-i, at-um. *acc.*

Empereur , *m.* imperator , is. *m.*

Empire, *m.* imperi-um , i. *n.*

Emploi, *m.* offici-um , i. *n.*

Employer, adhib-ere, eo, es, u-i, it-um. *acc. — le temps*, tempus consumere, o, is, ps-i, pt-um.

Emplumé, pennat-us, a, um. *g.* i.

Emporter (*l'*), *sur q. q. par q. ch.* aliquem aliquâ re vinc-ere, o, is, vic-i, t-um; præst-are, o, as, it-i, it-um. *dat. Emporter q. ch.* aufer-re, o, s, abst-uli, ablat-um. *acc.*

Empressement , *m.* studium , i. *n.*

Emprisonner, in carcerem *ou* in carcere includ-ere, o, is, inclus-i, um. *acc.*

Emprunter, mutu-ari , or, aris, at-us sum. *dép.* (*q. ch.*) *acc.* (*à*), ab. *abl.*

En, in *acc.* ou *abl.* selon qu'il y a mouvement ou non. Voy. *les questions de lieu. En lui-même*, intrà se, secum reputans.

Enée, *m.* Æneas, æ. *m.*

Enclin, procliv-is, is. e. *g.* is. à , ad. *acc.*

Encore, adhùc. *adv.* — (*aussi*), quoque. *conj.*

Endroit, *m.* loc-us, i. *m. De quelqu' —, par quelqu' —.* Voy. *les adv. des questions de lieu.*

Enfant, *m.* puer, i. *m. Petit —*, puerul-us, i. *m. Les—*, liber-i, orum. *m. plur. Ce dernier mot est plus usité lorsqu'il est rapproché des mots père ou mère.*

Enfantement, *m.* part-us, ùs, *dat. pl.* partubus. *m.*

Enfer, *m.* infer-i, orum. *m. pl.* (*lieux bas*).

Enfermer, includ-ere, o, is, inclus-i, um. *acc.* (*dans*), in. *abl.* *S' —*, se includere.

Enfin, tandem. *adv.*

Enflammer (*s'*), flammam concip-ere, io, is, concepi, t-um.

Engager, induc-ere, o, is, indux-i, induct-um. *acc.* (*à q. ch.*) ad. *acc.* ; invit-are, o, as, av-i, at-um. *acc.* ad. *acc.*

Engendrer, procre-are, o, as, av-i, at-um. *acc.*

Engourdissement, *m.* vetern-um, i. *n.*

Enlever, aufer-re, o, s, abstul-i, ablat-um. *acc.*

Ennemi (*de guerre*), *m.* host-is, is. *m.* — (*particulier*), inimic-us, i. *m.* infens-us, a, um. *g.* i. *dat.*

Ennui, *m.* tædi-um, i. *n.*

Ennuyer (*s'*), tæd-ere, et, uit. *monop.* (*de*) *gén.*

Ennuyeux, molest-us, a, um. *g.* i.

Enorme, enorm-is, is, e. g. is.

Enormité, *f.* atrocita-s, tis. *f.* —, (*grandeur*), immensit-as, tis. *f.*

Enrichi (*orné*), distinct-us, a, um. g. i. *abl.*

Enrichir (*s'*), ditesc-ere, o, is, *n.* — (*orner*), exorn-are, o, as, av-i, at-um. *acc.*

Ensemble, simùl, unà. *adv.*

Entendre, aud-ire, io, is, iv-i, it-um. *acc.* — (*comprendre*), intellig-ere, o, is, intellex-i, intellect-um. *acc.*

Enterrer, inhum-are, o, as, av-i, at-um. *acc.*

Entier, integ-er, ra, rum, g. ri; solid-us, a, um. g. i; tot-us, a, um. g. ius.

Entourer, cing-ere, o, is, cin-xi, cinct-um. *acc.*

Entrée, *f.* adit-us, ûs. *m.* A l' — *de la vie*, ineunte vità.

Entreprendre, suscip-ere, io, is, suscep-i, tum. *acc.* — *de longs voyages*, longinquas profectiones ingred-i, ior, eris, ingres-s-us sum. *dép.*

Entreprise (*nouvelle*), *f.* novum consilium, i. *n.* Méditer une —, consili-um agit-are, o, as, av-i, at-um.

Entrer, ingred-i, ior, eris, ingress-us sum. *dép.* — *dans un lieu*, in. *acc.* (On peut supprimer la préposition.)

Envers, in. *acc.*; ergà. *acc.*

Envie, *f.* studi-um, i. *n.* (*désir*), cupidit-as, tis. *f.*; cupid o, in-is. *f.* J'ai

— *de*, mihi in animo est. *inf.*

Environ, circiter. *acc.* Aux —, circà, *prép.* *acc.*

Envoyer, mitt-ere, o, is, mis-i, sum. (*q. ch.*) *acc.* (*à q. q.*) *dat.* ou ad. *acc.*

Epaule, *f.* humer-us, i, *m.* Charger sur ses —, humeris impon-ere, o, is, impos-ui, it-um. *acc.*

Epargner, parc-ere, o, is, peperc-i, parcit-um. *n.* (*q. q.*) *dat.* —(*q. q.*) ab aliquo abstin-ere, eo, es, ui, abstent-um.

Epée, *f.* gladi-us, i. *m.*; ens-is, is. *f.*

Epicure, *m.* Epicur-us, i. *m.*

Epire, Epir-us, i. *m. Les Epirotes.* Epirot-æ, arum. *m. plur.*

Epoque, *f.* temp-us, oris. *n. Depuis cette* —, ab illo tempore.

Epoux, *m.* spons-us, i. *m.* marit-us, i. *m.*

Eprouvé, spectat-us, a, um. g. i.

Eprouver (*sentir*), sent-ire, io, is, sen-si, um. *acc.*

Esclave, *m.* serv-us, i. *m. Etre* —, serv-ire, io, is, ii, it-um. *n.*; inservire. *comp.*

Esculape, *m.* Esculapi-us, i. *m.*

Espagnol, *m.* Hispan-us, i. *m.*

Espèce, *f.* (*une*) genus quoddam. (*de*), g.

Espérer, sper-are, o, as, av-i, at-um. *acc.*

Esprit, *m.* ingen-ium, i. *n.*; men-s, tis. *f.*

Essayer, tent-are , o , as , av-i , at-um. *acc.*

Est-ce que? nùm ? *adv. interrog.*

Et, *conj.* et; atque; ac; que, *et... ne*, nec, *et tu*, tu áutem.

Etat, *m.* patri-a , æ. *f.*

Eté, *m.* æsta-s, tis. *f.*

Etendue, *f.* immensita-s , tis. *f.* — *d'eaux*, tract-us aquarum.

Eternel, sempitern-us, a , um. *g.* i; æternus, a , um , *g.* i.

Etonné, attonit-us, a , um. *g.* i. (*de*) *abl.*; mirat-us , a , um. *g.* i. *acc.* *Etre —* *de q. ch.* mir-ari, or , aris, at-us sum. *acc.*

Etourdiment, *adv.* inconsiderat-è, *adv.* iùs, issimè.

Etrangement, *adv.* graviter.

Etrangler, strangul-are , o , as , av-i , at-um. *acc.*

Etre, esse, sum , fui. *C'est à moi*, est meum.

Etre (*l'*) *suprême*, *m.* supremus rerum arbit-er, ri. *m.*

Etude, *f.* studi-um, i. *n.*

Etudier, stud-ere, eo , es , ui. *n.* (*sans supin*), (*q. ch.*) *dat.* — *le caractère*, ingenium explor-are, o, as , av-i, at-um.

Eugène, *m.* Eugen-ius, i. *m.*

Evaluer, pretium statu-ere , o. is, i, t-um. (*q. ch.*) *gén. m. à m. Etablir le prix de.*

Evaporer (*s'*), diffug-ere, io, is, it-um ; evanesc-ere, o, is, evanui.

Evénement, *m.* event-us, ûs. *m.*

Evreux, *m.*(*ville de France*),

Ebroic-æ , arum. *f. plur.*

Exactement, sedulò. *adv.*

Examiner, pensit-are , o , as, av-i , at-um. *acc.*

Excellent, egreg-ius, a , um. *g.* i. —, optimus , a , um, *g.* i.

Excès, *m.* impet-us, ûs. *m.*

Exciter, incit-are , o , as, av-i, at-um. *acc.* (*à q. ch.*) ad. *acc.*; concit-are, o, as, av-i, at-um; impell-ere, o, is, impul-i, s-um; excit-are, o; movere, veo, ves, vi, t-um. *acc.* hort-ari, or, aris, at-us sum. *dép.*—*à*, ad. *acc.*

Exécuter, exsequu-i, or, eris, exsecut-us sum. *dép. acc.*

Exemple, *m.* exempl-um , i. *n.*

Exercer, exerc-ere, eo, es, u-i, it-um. *acc.* — *la patience*, patientiam tent-are, o, as, av-i, at-um.

Exercice, *m.* exercitatio , n-is. *f.*

Exhorter, hort-ari, or, aris , at-us sum. *dép.* (*q. q.*) *acc.* (*à q. ch.*) ad. *acc.*

Exil, *m.* exsili-um, i. *n.*

Exploit, *m.* pulchr-um facin-us, oris. *n.*

Exposé (*être*), esse obnoxi-us, a, um. *g.* i. (*à q. ch.*) *dat.* — *à la vue*, sit-us, a, um. *g.* i. in oculis.

Exprimer, exprim-ere, o, is, express-i, um. *acc.*

Extraordinaire, singular-is, is, e. *g.* is; insolit-us, a, um. *g.* i.

Extrême, summ-us, a, um. *g.* i; spectat-us, a, um. *g.* i.

F.

Fable, *f.* fabul-a, æ. *f.* — (*histoire fabuleuse*), fabularis histori-a, æ. *f.*

Fâché, irat-us, a, um. g. i. *Être* —, dol-ere, eo, es, u-i, it-um. n. (*d. q. ch.*) acc.; pig-ere, et, uit. monop. gén.

Fâcher (*se*), irasc-i, or, eris, at-us sum. dép. — *contre q. q.* dat.

Facile, facil-is, is, e. g. i. dat.; sup. facillim-us, a, um. g. i.

Facilement, facilè. adv.; superl. facillimè.

Faible, debil-is, is, e. g. is; imbell-is, is. e. g. is.

Faiblesse (*de caractère*), *f.* nimia facilita-s, tis. *f.*

Faim, *f.* fam-es, is. *f. Pressé par la* —, fame coact-us, a, um. g. i. *Mourir de* —, fame inter-ire, eo, is, ii, it-um.

Faire, fac-ere, io, is, fac-i, fact-um; ag-ere, o, is, eg-i, act-um. acc.; conficere, io, is, confec-i, t-um (*q. ch.*) acc. — *un crime*, crimini d-are, do, as, ded-i, dat-um. (*de q. ch.*) acc. (*à q. q.*) dat. *Cherchez les autres mots joints au verbe Faire.*

Falloir, oport-ere, et, uit. monop. et l'*inf.* ou ut, et le subj.

Fameux, insign-is, is, e. g. is.

Famille, *f.* famili-a, æ. *f. Père de* —, pater-familias. *Déclinez seulement* pater.

Famine, *f.* fame-s, is. *f.*

Fatigue, *f.* fatigati-o, n-is, *f.*; labor, is. *m.*

Fatigué, fess-us, a, um. g. i. abl.

Fatiguer, fatig-are, o, as, av-i, at-um. acc. *Se* —, se macer-are, o, as, av-i, at-um.

Faveur, *f.* benefici-um, i. n.

Favoriser, fav-ere, eo, es, i, faut-um. n. (*q. q.*) dat.

Fécond, fecund-us, a, um. g. i; uber, d. t. g. is. comp. uberior, is. superl. uberrim-us, a, um. g. i. *Mine* —, fodin-a uberior.

Féliciter, gratul-ari, or, aris, at-us sum. dép. (*q. q.*) dat. (*de q. ch.*) acc. *Se* —, sibi plaud-ere, o, is, plaus-i, um. *sans régime.*

Femme, *f.* mulier, is. *f.* — (*épouse*), uxor, is. *f.*

Fer, *m.* ferr-um, i. n. de —, ferre-us, a, um. g. i.

Ferme, *f.* vill-a, æ. *f.*

Fermier, *m.* villic-us, i. *m.*

Fête, *f.* fest-um, i. n. *De* —, fest-us, a, um. g. i.

Feu, *m.* ign-is, is, *m.*

Feuille, *f.* foli-um, i. n.

Fiction, *f.* comment-um, i. n. *Tirer une* —, comment-um fing-ere, o, is, finx-i, fictum.

Fidèle, fid-us, a, um. g. i. fidel-is, is, e. g. is.

Fidèlement, fideliter, adv.

Fidélité, *f.* fidelita-s, tis. *f.*

Fièrement, superbè. adv.

Fièvre, febr-is, is. *f. Sa fièvre a duré*, febris eum extorruit.

Fil, *m.* fil-um, i. n. *Repre-*

nons le *fil de notre entre-
tien*, eò undè digressi era-
mus revertamur. *m. à m.
Retournons là d'où nous
étions partis.*
Filer, n-ere, eo, es, ev-i,
et-um. *n.*
Filet, *m.* ret-e, is, *n.* retia.
plur.
Fille, *f.* fili-a, æ. *f. dat. et
abl. plur.* filiabus.
Fils, *m.* fili-us, i. *m.*
Fin, *f.* fin-is, is. *f. La —
du monde*, supremum re-
rum omnium temp - us,
oris. *n.*
Fin (délié), ténu-is, is, e.
g. is.
Fixe (être), man-ere, eo,
es, s-i, s-um.
Fixer, sist-ere, o, is, stit-
i, stit-um.
Flatter, bland-iri, ior, iris,
it-us sum. *dép. (q. q.)
dat.*
Fleur, *f.* flo-s, ris. *m.*
Fleuve, *f.* flum-en, inis. *n.*
Flot, *m.* fluct-us, ûs. *m.
Etre accablé par les —,*
fluctibus obru-i, or, eris,
t-us sum.
Fois (une), semel. *Deux
—* bis. *Trois. —*, ter. *adv.
Tant de —*, toties. *Toutes
les — que*, quotiescunque.
Folie, *f.* stultiti-a, æ. *f.*
Fonctions, *f.* muni-a, orum.
n. plur. Remplir les —,
munia expl-ere, co, es,
ev-i, et-um.
Fond (à), penitùs. *adv.*
Force, *f.* vis, is. *f.* rob-ur,
oris. *n.*
Forcer, cog-ere, o, is,
coeg - i, coactum. *acc. —
de se rendre*, ad deditio-
nem cogere.

Forêt, *f.* silv-a, æ. *f.* nem-
us, oris. *n.*
Forgeron, *m.* ferrarius fab-
er, ri. *m.*
Fortune, *f.* fortun-a, æ. *f.
bonne —*, res secundæ,
arum. *plur. f.*
Fou, insan-us, a, um. g. i.
desipien-s, tis. *m.*
Foudre, *f.* fulm-en, inis.
n.
Foule, *f.* turba, æ. *f.*
Fourmi, *f.* formic-a, æ.
f.
Fournir, suppedit-are, o,
as, av-i, at-um. *acc.*
Fraicheur, *f.* frig-us, oris.
n.
Franc (monnaie), *m.* libr-a
francic-a. g. æ. *f.*
Français (les), *m. plur.*
Gall-i, orum. *m. plur.*
France, *f.* Galli-a, æ. *f.
Français*, Gall-us, i. *m.*
Frapper, verber-are, o, as,
av-i, at-um. *acc.* percut-
ere, io, is, percuss-i, um.
acc. Se —, se percut-ere,
fer-ire, io, is.
Frère, *m.* frat-er, ris. *m.*
Frénésie, *f.* furor, is. *m.*
Friandises, *f.* bellari - a,
orum. *n. plur.*
Frimas, *m.* pruin-æ, arum.
f. plur.
Froid, *m.* frig-us, oris. *n.
Avoir —*, frig-ere, eo, es,
u-i. *n.*
Froid, *m.* frigid-us, a, um.
g. i.
Frontière, *f.* fin - is, is.
m. f.
Fruit, *m.* fruct-us, ûs. *m.*
Fuir, fug - ere, io, is, i,
it-um. *acc.*
Fuite, *f.* fug-a, æ. *f. Mettre en —*, in fugam vert-ere,
o, is, vers-um. *acc.* fug-

are, o, as, av-i, at-um. *acc.*
Funeste, funest-us, a, um.
g. i. acerb-us, a, um. *g*. i.
Fureur, *f.* (*passion violente*),
insani-a, æ. *f.*; furor, is. *m.*
Furieux, furens, *d. t. g.*
tis; furibund-us, a, um.
g. i.
Fusil, *m.* (*arme*) ferrea fis-
tula longior (*les trois mots
se déclinent*). *m. à m. un
long tube de fer.*
Fuyard, fugien-s, *d. t. g.*
tis. fuga-x, *d. t. g.* cis.

G.

Gages (*salaire*), *m. plur.*
merce-s, dis. *f.*
Gai, hilar-is, is, e. *g*. is.
plus — que de coutume,
solito hilarior.
Gaieté, *f.* hilarita-s, at-is. *f.*
Garder, custod-ire, io, is,
iv-i, it-um. *acc.*
Gardien, *m.* cus-tos, odis,
m.
Garnement, *m.* nebulo, n-is.
m.
Gâteau, *m.* placent-a, æ. *f.*
Gassion, *m.* (*général*), Gas-
sio, n-is. *m.*
Général, *m.* du-x, cis. *m.*
Généreux, generos-us, a, um,
g. i.
Génisse, *f.* juvenc-a, æ. *f.*
Gens, *m. plur.* homin-es, um.
m. plur. Certaines—, quidam. *plur. Jeunes—*, ado-
lescent-es, um. *m. plur.*
*— de bien ou honnêtes
gens*, viri probi, *g.* viror-
um probor-um. *Braves—*,
bon-i, orum. *m. plur.*
Géographie, *f.* geographi-a,
æ. *f.*
Gibet, *m.* patibul-um, i.
n.

Glisser (*se*), se insinu-are,
o, as, av-i, at-um (*dans*)
in. *acc.*
Gloire, *f.* glori-a, æ. *f.*
lau-s, dis. *f.*
Glorieux, glorios-us, a, um.
g. i.
Glorifier (*se*), glori-ari, or,
aris, at-us sum. *dép.* (*de
q. ch.*) *abl.*
Gourmand, gul-æ dedit-us,
a, um. *g*. i.
Gourmander, objurg-are, o,
as, av-i, at-um. *acc.*
Gourmandise, *f.* gul-a, æ.
f.
Goût, *m.* (*qui a du—pour*),
studios-us, a, um. *g*. i.
De bon —, elegan-s. *d. t.
g.* tis.
Gouverner, gubern-are, o,
as, av-i, at-um. *acc.*
Grâce, *f.* benefici-um, i. *n.*
Grâces (*rendre*), gratias ag-
ere, o, is, eg-i, actum.
Grain, *m.* gran-um, i. *n.*
Grammaire, *f.* grammatic-
a, æ; *ou* grammatic-e, es.
f.
Grand, magn-us, a, um. *g.*
i; ingen-s, *d. t. g.* tis;
præstan-s, *d. t. g.* tis.
Grande dépense, ingens
sumpt-us, ûs. *m.*
Gravité, *f.* gravita-s, tis. *f.*
Gré (*de bon*), libenter. *adv.*
Grèce, *f.* Græci-a, æ. *f.*
Grecs (*les*), *m.* Græc-i, orum.
m. plur.
Grêle, *f.* grand-o, inis.
f.
Grille, *f.* clathr-us, i. *m.*
et clathr-um, i. *n.*
Gronder, increp-are, o, as,
u-i, it-um. *acc.*
Grossier (*ignorant*), rud-is,
is, e. *g*. is.
Guenon, *f.* simi-a, æ. *f.*

Guère, parùm; minimè; non multùm. *adv.*

Guérir, san-are , o , as, av-i, at-um. *acc.*

Guerre, *f.* bell-um, i. *n.*

Guerrier, *m.* bellator, is. *m.*

Guetter, asserv-are, o, as, av-i, at-um.

Guide, *m.* du-x, cis, *m. f.*

Guirlande, *f.* vincul-um, i. *n.* sert-um. i. *n.*

H.

Habile, perit-us , a , um. *g.* i.

Habileté , *f.* periti-a , æ. *f.*

Habit , *m.* vest-is , is, *f.*

Habitant , *m.* incol-a , æ. *m.*

—*d'une ville*, civ-is, is. *m.*

Habiter, incol-ere , o , is , u-i, incult-um. *acc.*

Habitude, *f.* consuetud-o , inis. *f. Habitudes*, *f. pl.* mor-es , um. *m. plur.*

Haillon , *m.* cento, n-is. *m.*

Haine, *f.* odi-um , i. *n.*

Hanneton , *m.* scarabæ-us stridul-us. *g.* i. *m.*

Hambourg , *m.* (*ville d'Allem.*) Hamburg-um, i. *n.*

Hardes, *f. plur.* sarcinul-æ, arum. *f. pl.*

Hardiment, audacter. *adv.*

Harmonieux , canor-us , a , um. *sans comp. ni superl.*

Haut, alt-us, a , um. *g.* i.

Hélas ! heu ; eheus. *interj.*

Héraclite, *m.* Heraclit-us , i. *m.*

Hérésie, *f.* hæresis, is ou eos , *f.*

Héritage, *m.* hæredita-s, tis. *f. Petit—*, hærediol-um, i. *n.*

Hériter (*de q. q.*), alicujus hæreditat-em ad-ire, eo, is, ii *ou* iv-i, it-um.

Héros, *m.* hero-s, is. *m. acc.* sing. em *ou* a , *acc. plur.* es , *ou* as.

Heure, *f.* hor-a , æ. *f. Une* — *et demie*, sesquihora. *Tout à l'*—, modò. *adv. De bonne*—, maturè. *adv.*

Heureux , feli-x , *d. t. g.* cis.

Hier, heri. *adv.*

Histoire, *f.* histori-a , æ. *f.*

Historien , *m.* historic-us, i. *m.*

Hiver, *m.* hiem-s , is , *f.*

Homard, *m.* astac-us , i. *m.*

Homère , *m.* Homer-us , i. *m.*

Homme, *m.* hom-o , inis, *m.* — (*de cœur*), vir, i. *m. Jeune*—, adolescen-s , tis. *m.*

Honnête, honest-us , a , um. *g.* i.

Honneur, *m.* honor, is. *m.* dec-us, oris. *n.* —*! excl.* lau-s , dis. *f. avec le dat.*

Honte, *f.* pudor, is. *masc. Avoir*—, pud-ere, et, uit. monop. (*de q. ch.*) *gén.*

Honteux , turp-is, is , e. *g.* is.

Horace, *m.* Horati-us , i. *m.*

Horrible, horribil-is , is , e. *g.* is ; horrend-us , a , um. *g.* is ; horrid-us , a , um. *g.* i.

Hôte, *m.* hosp-es , itis. *m.*

Humain, human-us , a , um. *g.* i.

Humeur, *f.* natur-a, æ. *f.*

Huit , octo , *indécl.*

Huitième, octav-us , a , um.

Hurlement, *m.* ululat-us , ûs. *m.*

Hymme, hymn-us , i. *m.*

I.

Ici , hìc (*avec résidence*),
hùc. (*avec tend.*) *adv.* —
bas , his in terris.
Ignorance, ignoranti-a , æ.
f. ; insciti-a , æ. *f.*
Ignorer, ignor-are , o , as ,
av-i , at-um. *n.* ; nesc-ire ,
io , is , iv-i , it-um. *n.*
acc. Il ignore cela , tour-
nez , *cela le fuit*, fug-ere ,
io , it. *monop. acc.* fall-
ere , o , it. *monop. acc.* ;
præter-ire , eo , it. *monop.*
acc.
Il, ill-e , a , ud. *g.* ius.
Illustre, illustr-is, e. *g.* is.
Imaginer (*inventer*), exco-
git-are , o , as , av-i , at-
um. *acc. S'*— , sibi in animum induc-ere , o , is ,
indu-xi , ctum.
Immense, immens-us, a, um.
g. i.
Immoler, immol-are , o , as ,
av-i , at-um. *acc.*
Immortel , immortal-is , is ,
e. *g.* is.
Impardonnable (*digne d'au-*
cun pardon), nullâ veniâ
dignus , a , um. *g.* i.
Impie, impi-us , a , um. *g.* i.
Impiété, *f.* impieta-s, tis. *f.*
Implorer, implor-are , o , as ,
av-i , at-um. *acc.*
Important (*d'une grande*
importance), magni mo-
menti; gravis , is , e. *g.* is.
Importer, refer-re , o , s.
retul-i , relat-um. *Il im-*
porte, refert, interest, *gén.*
(*à*) *avec un nom de chose*
inanimée, ad. *acc.*
Importun , molest-us , a ,

um. *g.* i. *Etre* — *à q. q.*,
esse molestus. *dat.*
Imposer, impon-ere , o , is ,
sui , sit-um. *à q. q. dat.*
Impôt , *m.* tribut-um , i. *n.*
Lever des — , tributa exig-
ere, o , is , exeg-i , exact-um.
Imprudent, impruden-s , *d.*
t. g. tis.
Inaltérable ,. sincer-us , a ,
um. *g.* i.
Inappréciable , inæstimabi-
lis , is , e. *g. Cela est* —
hoc pretium non habet.
m. à m. , *cela n'a pas de*
prix.
Incendie, *m.* incendi-um , i.
n.
Incendié, incens-us , a , um.
g. i.
·*Incommoder* (*q. q.*), esse
gravis alicui.
Incontestablement, sine ullâ
controversiâ.
Indignation , *f.* indignatio ,
n-is. *f.*
Indigne , indign-us , a , um.
g. i. *abl.*
Indigné, indign-ans , *d. t.*
g. antis. (*supportant avec*
indignation), indignè fe-
rens. *acc.*
Indignement, indignè. *adv.*
Indigent, inop-s , is ; egen-s ,
d. t. g. tis.
Indocile , indocil-is , is , *e.*
g. is.
Indulgence , *f.* indulgenti-a ,
æ. *f.*
Indulgent, indulgen-s. *d. t.*
g. tis.
Industrieux , industri-us , a ,
um. *g.* i. *sans comp. n.*
superl.
Informer, certiorem fac-ere ,
io , is , fec-i , fact-um. (*q.*
q.) *acc.* (*de q. ch.*) *gén.*

Ingénieux, ingenios-us, a , um. g. i.

Ingrat, ingrat-us, a , um. g. i.

Inhumain, inhuman-us, a , um. g. i.

Inhumanité , f. inhumanita-s, tis. f.

Injure , f. injuri-a , æ , f.

Injurier, contumeliis lacessere, o, is, iv-i, it-um. probris oner-are, o, as, av-i , at-um.

Injustice , f. injustiti- a, æ. f.

Inonder, inund-are, o, as, av-i , at-um. acc.

Innocent , innocen-s. d. t. g. tis.

Inquiéter peu (s'), parùm cur-are, o, as, av-i, at-um. acc.

Insecte, m. insect-um, i. n. (*chenille*), eruc-a, æ.

Insensé, insan-us , a , um, g. i ; desipien-s, d. t. g. tis ; demen-s, d. t. g. tis.

Insensiblement, sensim. adv.

Insigne, insign-is, is, e. g. is.

Insolent, arrogan-s, d. t. g. tis, insolen-s, d. t. g. tis ; proterv-us, a , um. g. i.

Instituteur, m. institutor, is. m.

Instruction , f. doctrin-a , æ. f.

Instruire, doc-ere, eo, es, u-i, t-um. (q. q.) acc. sur q. ch. acc. edocere, comp.

Instrument, m. instrument-um , i. n.

Insulter, insult-are, o, as, av-i, at-um. n. dat. ou acc.

Interdire, interdic-ere, o, is, interdix-i, interdict-

um. n. (q. ch.) abl. (à q. q.) dat.

Intelligence, f. perspicacita-s, tis. f.

Intempérance, f. intemperanti-a , æ. f.

Intenté, illat-us, a, um. g. i. (contre) dat.

Intérêt (usure) m. fœn-us, oris. n. commod-um, i. n. *Avoir* —, inter-esse, est. *J'ai* —, meâ interest.

Interroger, interrog-are, o, as, avi, at-um. acc.

Intrépide, impavid-us, a , um. g. i.

Introduire (s'), sese introduc-ere, o, is, introdux-i, introduct-um. (dans) in. acc.

Inviter, invit-are, o, as, av-i, at-um. acc. (à) ad. acc.

Inutile, inutil-is, is, e. g. is ; inan-is, is, e. g. is. *Devenir* —, nihil proficere, io, is, profec-i, profect-um.

Irrité, infensus, a, um. g. i ; irat-us, a, um. g. i. (contre) dat.

Ile, f. insul-a, æ. f.

Italie, Itali-a, æ. f.

Ivre, ebri-us, a, um, g. i.

Ivrognerie, f. ebrieta-s, tis. f.

J.

Jamais, sans négation, unquàm, adv. ; avec négation, nunquàm, adv.

Janus, m. Jan-us, i. m.

Jardin, m. hort-us, i. m.

Jardinier, m. olitor, is. m. hortulan-us, i. m.

Jaune, flav-us, a, um. g. i.

Jésus-Christ, Jesus-Christus ; gén. Jesu-Christi. m.

Jeter, jac-ere , io , is , jec-i , jact-um. *acc. ;* projic-ere , io , is , projec-i , t-um. *acc. — en prison,* in carcerem *ou* in vincula conjic-ere , io , is , conjec-i , t-um. *acc.*

Jeu, m. lud-us , *i. m.*

Jeune, juven-is , is , e. g. is. (*Le comparatif* junior *s'emploie ordinairement pour le positif* juvenis.) *Jeune homme* (voyez *Homme*). *Jeunes gens* (voyez *Gens*). — *garçon,* puer , i. m. —*fille,* puell-a , æ. f.

Jeunesse, f. juvent-us , tis. f.

Joie, f. gaudi-um , i. n. ; lætiti-a , æ. f. ; alacrita-s , tis. fém. ; volupta-s , tis. fém.

Joigny (*ville de France*), Jovinian-um , i. n.

Joli, concin-nus , a , um , g. i.

Jonc, m. junc-us , i. De —, juncin-us , a , um. g. i.

Jouer, lud-ere , o , is , lus-i , um. n.

Joug, m. jug-um , i. n. *Mettre sous le* —, sub jugum mitt-ere , o , is , mis-i , miss-um.

Jouir, fru-i , or , eris , fruit-us sum. dép. (de) abl.

Joujoux, m. plur. crepundi-a , orum. n. plur.

Jour, m. die-s , i. f. Un —, olim ; aliquandò. adv. die quâdam. *Tous les* —, quotidiè. adv. *Au dernier* —, die ultimâ. *Un autre* —, propediem. adv.

Joyeux, læt-us , a , um. g. i.

Juge, m. jud-ex , icis. m.

Jugement, m. suffrag-ium ,

i. n. ; judici-um , i. n.

Juger, judic-are , o , as , av-i , at-um. acc. — de, augur-ari , or , aris , at-us sum. acc.

Junon, f. Juno , n-is. f.

Jupiter, m. Jupiter , Jov-is. m.

Jusqu'à ce que, donec ; dùm ; quandiù. conj. veulent le subjonctif.

Jusque, usque. acc. — à quand ? quousque ?

Juste, just-us , a , um. g. i ; æquu-s , a , um. g. i.

Justement (*avec justice*), haud immeritò. adv.

Justice, f. justiti-a , æ. f.

K.

Kempten (*ville de Souabe*), m. Campidon-a , æ. f.

L.

Là (*avec résidence*), ibi. adv. (*avec tendance*), eò adv. De là. indè. adv. avec un nom de temps ou de distance, abhinc.

Laboureur, m. agricol-a , æ. m.

Lac, m. lac-us , ûs. m.

Lâche, ignav-us , a , um. g. i.

Laid, deform-is , is , e. g. is.

Laine, f. lan-a , æ. f. ; de —, lane-us , a , um. g. i.

Laisser, relinqu-ere , o , is , reliqu-i , relict-um. acc.

Lamentable, lamentabil-is , is , e. g. is.

Lamenter (*se*), lament-ari , or , aris , at-us sum. dép.

Lampe, f. lucern-a , æ. f. lampa-s , adis. f.

Lancer, emitt-ere , o , is , emis-i, s-um. *acc.*

Langue, *f.* lingu-a , æ. *f.*

Languir, elangu-ere, eo, es, i. *n.*

Large, lat-us , a , um. *g.* i.

Largement, larg-è , iùs , issi-mè. *adv. Un peu trop* —, paulò largiùs.

Lasser (se), fatig-ari , or , aris, at-us sum. *avec l'inf.* de, tournez, *en*, in *avec le gérondif en* do —; tæd-ere, et , uit. *monop. (de q. ch.) gén.*

Latin, latin-us , a , um. *g.* i.

Latium, *m.* Lati-um , i. *n.*

Le , la , les , devant un verbe sont toujours pronoms et se tournent par lui, elle; eux, elles; à lui, à elle; à eux, à elles : is , ea, id. *g.* ejus ; ille, illa, illud. *g.* illius ; hic, hæc, hoc. *gén.* hujus.

Leçon (qu'on apprend par cœur), *f.* ediscend - a , orum. *plur. n.*

Lecteur, *m.* lector, is , *m.*

Lecture, *f.* lectio , n-is. *f.*

Léger, lev-is , is , e. *g.* is.

Lendemain (le), postridiè *adv. gén.* ou *acc.* postri-duò. *adv.* posterâ die.

Léopard , *masc.* pard-us , i. *m.*

Lequel , laquelle , qui , quæ , quod. *g.* cujus.

Lettre , *f.* epistol-a , æ. *f.*

Leur (pronom possessif), su-us, a, um. *g.* i. *Devant un verbe se tourne par à eux, à elles* , is , ea, id. *g.* ejus.

Lever , attoll-ere, o , is. *acc.* — *les yeux*, oculos attol-lere. — *des impôts*, tribута exig-ere, o , is , exeg-i , exact-um.

Liberté , *f.* (*pouvoir*), fa-culta-s , tis. *f.*

Lié (être) avec q. q., aliquo familiariter ut-i , or, eris , us-us sum. *dép.*

Lier. Voy. Amitié.

Lieu , *m.* loc-us , i. *m. (plur.* loc-a , orum. *n.) En quelque* —. Voy. *les adv. des questions de lieu.* — *de se repentir*, pœnitendi locus.

Lièvre , *m.* lep-us , oris. *m.*

Lion , *m.* leo , n-is. *m.*

Lionne , *f.* leæ-na , æ. *f.*

Lire , leg-ere, o, is , i, lect-um. *acc.*

Lisières , *f. plur.* fasci-æ , arum. *f. plur.*

Lisieux , *m.* (*ville de France*) Lexovi-um , i. *n.*

Livre, *m.* lib-er, i. *m.*

Livrer (se) à, se trad-ere , o, is , id-i , it-um. *dat.*

Logis, *m.* dom-us , i , *ou* ûs. *f.*

Long, long-us , a , um. *g.* i. — *temps*, diù , -tiùs, -tis-simè. *adv. Depuis—temps*, jàm pridem , jàm dudùm. *adv.*

Loin, longè. *adv. Un peu plus* —, paulò longiùs.

Louange, *f.* lau-s , dis. *f. Combler de* —, summis laudibus oner-are, o, as , av-i , at-um. *acc.*

Louer, laudare, o, as , av-i , at-um. *acc.*

Louis , *m.* Ludovicus , i. *m.* — *douze*, Ludovicus duo-decimus.

Loup, *m.* lup-us , i. *m.*

Lorsque , quùm. *conj. ne veut le subj. que devant l'imparfait.*

Lucullus, *m.* Lucull-us, i. *m.*

Lui , is, ea, id. *g.* ejus ; ill-e, a, ud. *g.* ius.

Lumière, *f.* lum-en, inis. *n.*
Jeter de la —, lumen *ou*
lucem emitt-ere, o, is,
emis-i, s-um.

Luxe, *m.* lux-us, ûs. *m.*

Lyon (*ville de France*), Lug-
dun-um, i. *n.*

Lyre, *f.* testud-o, in-is. *f.*

M.

Magasin, *m.* horre-um, i. *n.*

Magistrat, *m.* magistrat-us,
ûs. *m.*

Magnifique, magnific-us ; a,
um. *g.* i.

Mai, *m.* mensis mai-us, i.
m.

Maigre, mac-er, ra, rum. *g.*
ri.

Main, *f.* man-us, ûs. *f.*
De sa propre —, manu
suâ.

Maintenant, nunc. *adv.*

Mais, sed ; verùm ; verò.
conj.

Maison, *f.* dom-us, i, *ou*
ûs. *f. A la* —, domi.

Maître, *m.* (*qui enseigne*),
præceptor, is. *m.* magister, ri. *m. Un bon* —, haud
pœnitendus magister. —
(*de maison*), domin-us, i.
m. her-us, i. *m. Du* —,
heril-is, e. *g.* is.

Majesté, *f.* majesta-s, tis.
f.

Mal, mal-um, i. n. *Faire*
du —, noc-ere, eo, es,
u-i, it-um. (à q. q.) *dat.*

Mal, malè. *adv.*

Malade, ægrot-us, a, um.
g. i. *Tomber* —, in mor-
bum incid-ere, is, i, in-
cas-um. *Etre* —, ægrot-
are, o, as, av-i, at-um. *n.*

Maladie, *f.* morb-us, i. *m.*
Faire une —, morbo con-

flict-ari, or, aris, at-us sum.
Sa — *avait duré*, morbus
eum tenuerat. *Sa* — *ne du-*
rera que, morbo tantùm
laborabit.

Malgré (*devant un nom de*
personne), invit-us, a, um.
g. i. *que l'on fait accorder*
avec le nom.

Malheur, *m.* calamit-as, atis.
f. infortuni-um, i. *n.* —
à ! væ ! exclam. *dat.*

Malheureux, miser, a, um.
g. i ; infeli-x, d. t. *g.* cis.

Manière, *f.* mod-us, i, *m.*
De cette —, hoc modo. —
d'agir, agendi modus.

Manières, *f. plur.* mor-es,
um. *plur. m.*

Manque (*qui*), exper-s. d. t.
g. tis. *dén.*

Manquer (*à*), de-esse, sum,
es, fui. *dat.* — , *être privé*
de), car-ere, eo, es, u-i. *n.*
ablat.

Manteau, *m.* palli-um, i. *n.*

Mantes, *f.* (*ville de France*),
Medunt-a, æ. *f.*

Maraud, *m.* balatro, n-is. *m.*

Marbre, *m.* marmor, is. *n.*
De —, marmore-us, a, um.
g. i.

Marché, *f.* it-er, itiner-is. *n.*

Marcher, inced-ere, o, is,
incess-i, um.

Maréchal, *m.* (*dignité*), ma-
rescall-us, i. *m.*

Mari, *m.* conju-x, gis. *m.*
maritus, i. *m.*

Marier (*se*), uxorem duc-ere,
o, is, dux-i, duct um.

Marmot, *m.* pusi-o, n-is. *m.*

Marmotter (*entre ses dents*),
secum murmurill-are, o,
as.

Martin, Martin-us, i. *m.*

Matière, *f.* materi-a, æ. *f.*

Matin (*le*), manè. *adv. Du*

—, matutin-us, a, um.
g. i.

Maudit, detestabil-is, is, e.
g. is ; maledict-us, a, um.
g. i.

Mauvais, prav-us, a, um.
g. i.

Méchant, improb-us, a, um.
g. i. vir improbus ; mal-us,
a, um. *g.* i. *comp.* pejor,
is. *superl.* pessim-us, a,
g. i.

Méchanceté, *f.* improbita-s,
tis. *f.*

Médecin, *m.* medic-us, i.
m.

Médecine, *f.* medicin-a, æ.
f.

Mégarde (*par*), impruden-
ter. *adv.*

Meilleur, mel-ior, ius. *g.* is.
Le—, optimus.

Mélancolique, melancolic-
us, a, um. *g.* i.

Mélibée, *m.* Meliboe-us, i.
m.

Melun, *m.* (*ville de France*),
Melodun-um, i. *n.*

Même, etiàm. *adv.* Et—,
imò.

Même (*le*), idem, eadem,
idem. *g.* ejusdem. *Lui*—,
ips-e, a, um. *g.* ius. *En*
—*temps*, simùl. *adv.* De
— *que*, ut, *veut l'indic.*

Mémoire, *f.* memori-a, æ.
f.

Memphis (*ville d'Egypte*),
Memph-is, is. *g.* is. *f.*

Menacer, min-ari, or, oris,
at-us sum. *dép.* (*q. q.*) *dat.*
(*de q. ch.*) *acc.* —(*en parlant des choses*), immin-
ere, eo, es, ui. *n. dat.*

Ménager, parc-ere, o, is,
peperc-i, parcit-um, *n. dat.*
indulg-ere, eo, es, indul-
s-i. (*q. q.*) *dat.*

Mener, duc-ere, o, is, dux-i,
duct-um. *acc.* (*à ou vers*),
ad *ou* in. *acc.* —*une vie*,
vitam deg-ere, o, is, i.

Mensonge, mendaci-um, i.
n.

Mentir, ment-iri, ior, iris,
it-us sum. *dép.*

Méprisé, despect-us, a, um.
g. i.

Mépriser, contemn-ere, o,
is, contemps-i, contempt-
um. *acc.*, aspern-ari, or,
aris, at-us sum. *dép. acc.*

Mer, mare, is. *n.* La pleine
—, alt-um, i. *n. Etre en*
pleine —, altum ten-ere,
eo, es, u-i, t-um.

Mère, *f.* mat-er, ris. *f.*
genitri-x, cis. *f.*

Mérite, *m.* doctrin-a, æ. *f.*

Merle, *m.* merul-a, æ. *f.*

Messieurs, *m.* optimi ado-
lescentes.

Mets, *m.* cib-us, i. *m.*

Mettre (*au monde*), in lucem ed-ere, o, is, id-i,
it-um. *acc.*

Meunier, *m.* pistrinari-us,
i. *m.*

Midi, *m.* meridie-s, i. *m.*

Mien (*le*), me-us, a, um.
g. i.

Milieu, medi-us, a, um. *g.*
i. *s'accorde avec le nom.*

Mille, mille. *indécl.* milli-
a, um. *plur. n. Deux* —,
bis mille *ou* duo millia.
Pour la date des années,
mil, millesim-us, a, um.
g. i.

Mine, *f.* fodin-a, æ. *f.*

Misère, *f.* calamita-s, tis.
f. ; miseri-a, *f.*

Miséricorde, *f.* misericordi-a, æ. *f.*

Mobilité, *f.* mobilita-s, tis.
f.

Modération, *f.* moderatio, n-is. *f.*

Modéré, moderat-us, a, um. g. i.

Modérer, coerc-ere, eo, es, u-i, it-um. *acc.*; reprim-ere, o, is, repress-i, um. *acc.*

Moderne, recen-s, *d. t. g.* tis; nov-us, a, um.

Moi, ego, mei, mihi, me. *pronom de la prem. pers.*

Mois, *m.* mens-is, is. *m.*

Moisson, *f.* mess-is, is. *f.*

Moissonner, met-ere, o, is, messu-i, mess-um. *acc.*

Mol ou *mou*, moll-is, is, e. g. i.

Moldavie, *f.* Moldavi-a, æ. *f.*

Molière, *m.* Molier-us, i. *m.*

Moment (*un*), paulisper. *adv.*

Mon, me-us, a, um. g. i.

Monarque, *m.* re-x, gis. *m.*; princ-eps, ip-is. *m.*

Monde, *m.* mund-us, i. *m.* *En quel lieu du —?* ubi terrarum ?

Moins, minùs. *adv. Du —*, saltem. *adv.*

Monsieur, *m.* domin-us, *voc.* e.

Monstre, *m.* monstr-um, i. *n.*

Mont, *m.* mon-s, tis. *m.* *Promettre monts et merveilles*, montes et maria pollic-eri, eor, eris, it-us sum. *dép.*

Montagne, *f.* mon-s, tis. *m.*

Montrer, exhib-ere, eo, es, u-i, it-um; ostend-ere, o, is, i, ostens-um. *acc.* (*à q. q.*) *dat. Se —*, se præb-ere, eo, es, u-i, it-um. *— les dents*, min-ari den-tes. (*découvrir*), nud-

are, o, as, av-i, at-um. *acc.*

Moquer (*se*), irrid-ere, eo, es, irris-i, um. *acc.*

Mort, *f.* mor-s, tis. *f.*; le-th-um, i. *n.*; exit-us, ûs. *m.*; exiti-um, i. *n.* — *violente*, ne-x, cis. *f.* — *Donner la —*, letho permitt-ere, o, is, permis-i, sum. *De —*, lethal-is, is, e. g. is.

Mortel, mortal-is, is, e. g. is.—(*qui donne la mort*), lethal-is, is, e. g. is.

Mouche, *f.* musc-a, æ. *f.*

Moulin, *m.* moletrin-a, æ. *f.*

Mourir, mor-i, ior, eris, tu-us sum. *dép.*; decedere, o, is, decess-i, um.

Mouton, *m.* verve-x, cis. *m.*; ov-is, is. *f.*

Munich (*ville de Bavière*), Monachi-um, i. *n.*

Mur, *m.* mur-us, i. *m.*

Murmurer, mussit-are, o, as, av-i, at-um. *n.*

Musicien, *m.* music-us, i. *m.*

Musique, *f.* music-a, æ, *ou* musice, es. *f.*

Mutin, pervica-x, *d. t. g.* cis.

Mythologique, mythologic-us, a, um. g. i.

N.

Nager (*vers*), adn-are, o, as, av-i, at-um. *dat.*

Naissance, *f.* ort-us, ûs. *m.*

Naître, nasc-i, or, eris, at-us sum. *dép.*

Nation, *f.* gen-s, tis. *f.*

Nature, *f.* natur-a, æ. *f.*; gen-us, eris. *n.*

Naturel, *m.* indol-es, is. *f.*
  Bon—, egregi-a indoles.
Naturellement, naturâ. *adv.*
Ne... pas, *ne... point*, non,
  ou haud. *adv.* (*avec in-*
  terrog.) an non *ou* nonne.
Ne... que, solùm ; tantùm ;
  tantummodò. *adv. tourn.*
  par seulement.
Né, nat-us, a, um. *g.* i.
  part. de nascor. — *pour*,
  natus ad. *acc.*
Néanmoins, attamen ; ni-
  hilominùs ; verumtamen.
  conjonct.
Nécessaire, necessari-us, a,
  um. *g.* i. *sans comp. ni*
  superl.
Nécessité, *f.* necessita-s,
  t-is. *f.*
Négligence, *f.* negligenti-
  a, æ. *f.*
Négligent, negligen-s, *d. t.*
  g. tis ; indiligen-s, *d. t.*
  g. tis.
Neptune, *m.* Neptun-us, i,
  m.
Neveu, *m.* nepo-s, tis. *m.*
  —(descendants), nepot-
  es, um. *m. plur.*
Neuf, novem, *indécl. ; neu-*
  vième, non-us, a, um.
  g. i.
Ni, nec ; neque. *conj.* —
  l'un — *l'autre*, neut-er,
  ra, rum. *g.* rius.
Nid, *m.* nid-us, i. *m.*
Nier, neg-are, o, as, av-i,
  at-um.
Noir, nig-er, r-a, um. *g.* i ;
  at-er, r-a, um. *g.* i.
Nom, *m.* nom-en, inis. *n.*
  Porter un—, nomen hab-
  ere, eo, es, u-i, it-um.
Nombre, *m.* numer-us, i.
  m.
Nombreux, numeros-us, a,
  um. *g. Être plus* —, nu-

mero super-are, o, as, av-i,
  at-um. *acc.*
Nommer, nomin-are, o, as,
  av-i, at-um. *Se* —, no-
  min-ari, or, aris, at-us
  sum ; voc-ari, or, aris,
  at-us sum. *pass.*
Noble, nobil-is, is, e. *g.*
  is.
Non, non ; minimè. *adv.*
Nonchalance, *f.* inerti-a, æ,
  ignavi-a, æ. *f.*
Normandie, *f.* Normanni-
  a, æ. *f.*
Notre, nost-er, r-a, um. *g.*
  i, *plur.* nos, nostr-i, æ.
  a. *g.* orum.
Nourrir (se), vesc-i, or,
  eris. *dép. abl.*
Nourriture, *f.* cib-us, i. *m.*
  Bonne —, cibi valentissi-
  mi. *m. plur.*
Nous, nos, *g.* nostrûm *ou*
  nostri.
Nouveau, elle, recen-s. *d. t.*
  g. tis.
Nouvellement, recèns. *adv.*
Nullement, minimè. *adv.*
  nequaquàm. *adv.*
Nuire, noc-ere, eo, es, u-i,
  it-um. *n. dat. ;* ob-esse,
  sum, es, fu-i. *n. dat.*
Nuisible, nocen-s. *d. t. g.*
  tis.
Nuit, no-x, ctis. *f.* — *et*
  jour, noctù diùque. *adv. ;*
  indesinenter. *adv. Pen-*
  dant la —, per noctem ;
  noctù ; de nocte.

O.

Obstination, *f.* pervicaci-a,
  æ. *f.*
Obstiné, obstinat-us, a, um.
  g. i.
Obtenir, impetr-are, o, as,

av-i, at-um (*q. ch.*) *acc.* (*de q. ch.*) ab. *abl.*

Occasion, *f.* occasio, n-is. *f. Une bonne* —, opportuna occasio.

Odeur, *f.* odor, is. *m.*

Odieux, odios-us, a, um. *g.* i.

OEil, *m. yeux. plur.* ocul-us, i. *m.*

OEillet, *m.* caryophyll-us, i. *m.*

OEuvre. Voy. Ouvrage.

Offense, injuri-a, æ. —*faite à q. q.* injuria illata. *dat.*

Office (*bon*), *m.* offici-um, i. *n.* — *de cuisine*, cella vasaria, *g.* cellæ vasariæ. *f.*

Officier, *m.* (*d'armée*), militum præfectus, i. *m.*; exercitûs princ-eps, ip-is. *m.*; du-x, cis. *m.*

Offrir, offer-re, o, s, obtul-i, oblat-um. *acc.*; propon-ere. o, is, proposu-i, it-um. *acc.* S'—, se offerre.

Oiseau, *m.* av-is, is. *f.*

Oisiveté, *f.* oti-um, i. *n.*

Ombrage, *m.* umbracul-um, i. *n.*

Oncle, *m.* avuncul-us, i. *m.*

Onze, undecim. *indécl. onzième*, undecim-us, a, um. *g.* i.

Opiniâtre, improb-us, a, um. *g.* i.

Opiniâtreté, *f.* pertinaci-a, æ. *f.*

Opprimer, opprim-ere, o, is, oppress-i, um. *acc.*

Or, *m.* aurum, i. *n.* D'—, aure-us, a, um, *g.* i.

Or, porrò. *conjonct.*

Oranger, *m.* mal-um aureum. *g.* i. *n.*

Orateur, *m.* orator, is. *m.*

Orbilius, *m.* Orbilius, i. *m.*

Ordinairement, persæpè. *adv.*

Ordonner, jub-ere, eo, es, juss-i, um.

Ordre, *m.* (*commandement*), juss-um, i. *n. et* juss-us, ûs. *m. Recevoir*—, jub-eri, eor, eris, juss-us sum. *pass. inf.* —, mandat-um, i. *n. par son* —, illius jussu..

Oreilles, *f. plur.* aur-es, ium. *f. plur.*

Orge, *f.* horde-um, i. *n.*

Orgueil, *m.* superbi-a, æ. *f.*

Orgueilleusement, arroganter; superbè. *adv.*

Orgueilleux, superb-us, a, um. *g.* i.

Origine, *f.* orig-o, in-is. *f.*

Orléans, *m.* (*ville de France*), Aureli-a, æ. *f.*

Ornement, *m.* ornament-um, i. *n.*

Orner, orn-are, o, as, av-i, at-um. *acc.*

Orphée, *m.* Orphe-us, i et os. *m.*

Oser, aud-ere, eo, es, ausus sum. *n.*

Ostracisme, *m.* ostracism-us, i. *m.*

Ou, aut. *conj.*

Où, *adv.* (*avec résidence*), ubi. (*avec tendance*), quò, *d'où*, undè. *par où*, quà.

Oublier, oblivisc-i, or, eris, oblitus sum. *dép.* (*q. q.*) *gén.* ou *acc.*

Ourdir, mol-iri, ior, iris, it-us sum. — *une trame criminelle*, perfidum consilium moliri.

Ouvrage, *m.* op-us, eris. *n.*

Ouvrier, *m.* operari-us, i. *m.*

P.

Pacifier, pac-are, o, as, av-i, at-um, *acc.*

Pain, m. pan-is, is. *m.*

Paisiblement , tranquillè. *adv.*

Palais, m. palati-um, i. *n.*

Papa, m. papa-s, æ. *m.*

Papillon, m. papilio, n-is. *m.* al-es, it-is. *m.*

Par, per. *acc.* à *ou* ab, è *ou* ex. *abl. prép.* — *là*, illàc ; eà. *Voy. les adv. de lieu.*

Paraître (sembler), videri, eor, eris, vis-us sum. *pass.* (à q. q.) *dat.*

Parcourir, lustr-are, o, as, av-i, at-um. *acc.* perlùstro. *comp.* peragr-are, o, as, av-i, at-um.

Pardon, m. ven-ia, æ. *f.*

Pardonner, parc-ere, o, is, peperc-i, parcit-um ; ignosc-ere, o, is, ignov-i, ignot-um.

Parent, m. paren-s, tis. *m.*

Paresse, f. pigriti-a , æ. *f.* desidi-a, æ. *f.*

Paresseux, pig-er, ra, rum. g. ri, segn-is, is, e. g. is.

Parfum, m. unguent-um , i. *n.* — *délicat*, unguentum subtil-e. g. is.

Parler, loqu-i, or, eris, locut-us sum. *dép.* (à q. q.), cum aliquo (*de q. ch.*), de aliquâ re. (*à q. q.*), alloqu-i, or, eris, cut-us sum. *acc.*

Paroles, f. vo-x, cis, f. verb-um, i. *n. Belles* —, verba mollia. *plur. n.*

Part, f. par-s, tis. *f.*

Part (*nulle part*), nusquàm. *adv.*

Partir, proficisc-i , or, eris ,

profect-us sum. *dép.* disced-ere, o, is, discess-i , um.

Partout, ubiquè. *adv.*

Parure, f. ornament-um , i. n. ornat-us, ûs. m. cult-us , ûs. *m.*

Pas, m. pass-us , ûs. m. grad-us, ûs. *m.*

Pas, *adv.* ne... pas. Voyez *Ne.*

Passant, trans-iens, d. t. g. euntis.

Passer, trans-ire , eo, is , ii ou iv-i, it-um. *sans prépos.* — *en*, trajic-ere, io, is, trajec-i, t-um, in. *acc.* — *pour*, haber-i, eor, eris, it-us sum. — *au fil de l'épée*, ferro nec-are, o, as, u-i *ou* av-i, t-um *ou* necat-um. — *quelques jours* (*rester*) , aliquot diebus commor-ari , or, aris , at-us sum. — *chez q. q.*, apud aliquem. — *le temps* (*l'employer*), temp-us consum-ere, o, is , psi , pt-um. (*à*), *gér. en* do. — *des jours*, dies ag-ere, o, is, eg-i, act-um.

Paternel, patern-us, a, um, g. i.

Patience, f. patienti-a, æ. *f.*

Patrie, f. patri-a, æ. *f.*

Patte, f. pě-s, dis. *f.;* cru-s, ris. *n.*

Pâture, f. pabul-um. i. *n.*

Pauvre, paup-er, d. t. g. eris. — (*terme de compassion*), miser , a, um g. i ; misell-us , a, um. g. i.

Pays, m. regio, n-is. *f.*

Paysan, m. rustic-us, i. *m.*

Peau, f. pell-is, is. *f.*

Pêche, f. (*fruit*) , mal-um persic-um. g. i.

Péché, m. peccat-um, i. *n.*

Pécheur, m. piscator, is. *m.*

Peigne, m. pect-en, in-is. *n.*

Peine, f. pœna, æ. *f.*

Peintre, m. pictor, is. *m.*

Pendant, per. *prép. acc.* — *que*, dùm, quam. *subj. devant l'imparf.*

Pénétrant, eda-x, d. t. g. cis.

Pénétrer, penetr-are, o, as, av-i, at-um.

Penser, cogit-are, o, as, av-i, at-um. — *de*, de. *abl.;* existim-are, o, as, av-i, at-um; put-are, o, as, av-i, at-um.

Perdition, f. perditio, n-is. f.

Perdre, amitt-ere, o, is, amis-i, s-um. *acc.*

Perdrix, f. perdi-x, cis. f.

Père, m. pat-er, is, m.

Perfide, perfid-us, a, um. g. i.

Perfidie, perfidi-a, æ. f.

Permettre, permitt-ere, o, is, permis-i, s-um. (*q. ch.*) *acc.* (*à q. q.*) *dat.;* sin-ere, o, is, iv-i, it-um.

Permis (être), lic-ere, et, uit. *dat. monop. Permis*, fas. *Il est permis*, fas est.

Perpétuellement, perpetuò, indesinenter, *adv.*

Perroquet, m. psittac-us, i. m.

Persévérance, f. constanti-a, æ. f.

Personne (sans négation), hom-o, inis, m. — *ne*, nem-o, inis, m. (nemo est composé de non et de homo.) — *(aucun)*, sans négation, ull-us, a, um. g. ius. et —, nec quisquam.

Perte, f. jactur-a, æ. f. — *des biens*, rei familiaris naufragi-um, i. n. — *(mort)*, exiti-um, i. n.

Petit, parv-us, a, um. g. i, parvul-us, a, um. g. i. dimin.

Pétulant, petulan-s, d. t. g. tis.

Peu, parùm. adv. *Peu à peu*, paulatim. ad. —, *devant un nom de choses qui se comptent*, pauc-i, æ, a. g. orum.— *de jours*, pauci dies.

Peuple, m. popul-us, i. m.

Peur, f. pavor, is. m.

Peut-être, fortè, fortassè, adv.

Phare, m. phar-us, i. f.

Pharos, Phar-os, i. f.

Philosophe, m. philosoph-us, i. m.

Philosopher, philosoph-ari, or, aris, at-us sum. dép.

Pied (mesure), m. pe-s, dis, m. *avoir un demi-pied de circonférence*, sesquipedem orbe collig-ere, o, is, colleg-i, collect-um.

Pièce (de monnaie), fém. numm-us, i. m. — *d'or*, nummus aure-us, a, um, g. i.

Pièces (mettre en), discerp-ere, o, is, s-i, t-um. acc.

Piéges, m. plur. insidi-æ, arum, f. *Tendre des* —, insidias compar-are, o, as, av-i, at-um.

Pierre, f. lapi-s, dis. m.

Pieux, pi-us, a, um. g. i. sans comp. ni superl.

Pillage, m. direptio, n-is. f.

Pin (arbre), m. pin-us, i. et ûs. f. au plur. nom. acc. et vocat. toujours pinus.

Piquant, amar-us , a , um.
c. i.

Piquer, pung-ere , o , is ,
punx-i *ou* pupug-i, punct-
um. *acc.*

Pistolet, *m.* modi brevioris
sclopet-us. c. i. *m.*

Pitié, *f.* misericordi-a, æ. *f.*
Avoir —, miser-eri, eor,
eris, t-us sum. *dép.* (*de*
q. q.) c. *On dit aussi* mi-
ser-or, aris , at-us sum.
dép.; miseret, misert-um.
et miserit-um est. *monop.*
(*de*) *gén.*

Place, *f.* sed-es , is. *f.*

Placer, colloc-are , o , as ,
av-i , at-um. *acc.* — *des*
obstacles devant q. q., alicui progredienti impedi-
menta objic-ere , io , is ,
objec-i, t-um.

Plaindre , miser-ari , or ,
aris, at-us sum. *dép. acc.;*
dol-ere, eo , es, u-i , it-um.
acc.

Plaire, plac-ere, eo, es , u-i ,
it-um. *n.* (*à q. q.*) *dat.* juv-
are, o, as, i , jut-um. *acc.*
Se —, delect-ari. *pass. Lu-*
cullus se plaisait à vivre.
Lucullus delectabatur. *gér.*
en do. *ou* tourn. *vivre plai-*
sait à Lucullus, Lucullum
juvabat. *le verbe à l'inf.*
Il plaît, libet. *monop.* (*à*
q. q.) *dat.*

Plaise ou *plût à Dieu*, utinam. *subj.*

Plaisir, *m.* volupta-s, tis. *f.;*
gaudi-um, i. *n. Faire* —,
juv-are, o, as , i , jut-um,
acc. delect-are, o , as , avi ,
at-um. *acc. J'ai beaucoup*
de —, multùm me juvat
(*à*) *infin. Avec* —, libenter. *adv.*

Plante, *f.* plant-a, æ. *f.*

Plate-forme, *f.* summa pla-
nitie-s , i. *f. les deux mots*
se déclinent.

Plein, plen-us , a, um.   g.
gén. *et* abl.

Pluie, *f.* pluvi-a, æ. *f.* imb-
er, ris. *m.*

Plume, *f.* plum-a, æ. *f.*

Plupart (*la*), plerique, ple-
ræque , pleraque. *plur.* g.
plerorumque. *La* — *des*
hommes , plerique homi-
nes. *La* — *du temps*, ple-
rùmque. *adv.*

Plus (*davantage*) , amplius.
adv. Voy. *les comparatifs.*
magis ; plùs. *adv. gén.*

Plusieurs, plures , *m.* et *f.*
plura. *neut.* g. plurium ;
plurim-i, æ, a. g. orum.

Plus tôt (*au*), quàm primùm. *adv.*

Pluton, *m.* Pluto, n-is. *m.*

Plutôt, potiùs. *adv.*

Poche, *f.* perul-a , æ. *f. Ti-*
rer de sa —, è perulâ deprom-ere, o, is , ps-i , de-
prompt-um. *acc.*

Poëme, *m.* poem-a, atis. *n.*

Poëte, *m.* poet-a , æ. *m.* vat-
es, is. *m.*

Poids, *m.* pond-us, eris. *n.*

Poison, *m.* venen-um, i. *n.*

Poisson, *m.* pisc-is , is. *m.* —
de rivière , piscis fluviatil-
is. g. is.

Pommier, *m.* mal-us. *f.*

Pompier, *m.* (*celui qui élève*
l'eau avec une pompe), qui
aquam antliâ extollit.

Port, *m.* port-us, ûs. *dat. et*
abl. plur. portubus.

Porte, *f.* for-es, ium. *f.* pl.
Frapper à la —, fores puls-
are, o, as, av-i, at-um.

Porté (*enclin*), propens-us ,
a , um. g. i. (*à*) ad. *acc.*

pron-us, a, um. *g*. i. (à) ad.
acc.

Porter, ferre, o, s, tul-i,
lat-um. *acc.* ger-ere, o, is,
gessi, gest-um. *acc.*

Poser, pon-ere, o, is, pos-ui,
it-um. — *à terre*, humi de-
ponere. *comp.*

Poste, m. statio, n-is. *f.*

Potion, f. potio, n-is. *f. Ordonner une* —, potionem
præscrib-ere, o, is, præ-
scrip-si, t-um. *Prendre une*
—, potionem sorb-ere, eo,
es, u-i, sorpt-um.

Poule, f. gallin-a, æ. *f.*

Pour (afin de), ut, *conj. veut
le subj.* —, ad, in ; ergà ;
prép. acc. — *moi*, ego vero.
—, causâ, *avec le gén.*

Pourquoi, cur. *adv. interrog.*

Poursuivre (continuer); perg-
ere, o, is, perrex-i, perrect-
um. — (*courir après*), in-
sequ-i, or, eris, insecut-us
sum. *dép. acc.*

Pourpre, f. purpur-a, æ. *f.*

Pourtant, tamen. *conj.*

Pourvu que, dùm *conj. veut
le subj.*

Pouvoir, m. potest-as, t-is. *f*

Pouvoir, pos-se, sum, pot-es,
pot-ui ; val-ere, eo, es,
u-i. *n.*

Pratique, f. exercitatio, n-is,
f. Dans la — *des règles*, in
experiendis regulis.

Pratiquer, col-ere, o, is, ui,
cult-um. *acc.*

Praxitèle, -m. Praxitel-es,
is. *m.*

Précepte, m. præcept-um,
i. *n.*

Précepteur, m. præcep-tor,
is. *m.*

Précieux, pretios-us, a, um.
g. i.

Précipiter (se), ru ere, o, is,

i, t-um. *n.* irru-ere. *act.
et neut.* (*sur*), in. *acc.*

Précoce, præco-x, *d. t. g.*
cis. *Esprit* —, præcox in-
geni-um. *g.* cis, i. *n.*

Premier (principal), præcipu-us, a, um. *g.* i. —, pri-
m-us, a, um. *g.* i. *Quand
on ne parle que de deux*,
prior, is. *Le* — *venu*, obvi-
us quisque, *tous les deux
se déclinent.*

Prendre, cap-ere, io, is, cepi, capt-um. *acc.* aufer-re,
o, s, abstul-i, ablat-um.
acc.

Préparer, confic-ere, io, is,
confec-i, t-um. *acc.*

Prés, prope. *prép. acc.*

Présence, f. præsenti-a, æ. *f.*
conspect-us, ûs. *m.*

Présent, m. don-um, i. *n.*
mun-us, eris. *n.*

Présent (à), nunc. *adv. Dès
à* —, jàm primùm. *adv.*

Présenter (se), se offer-re, o,
s, obtul-i, oblat-um ; se
d-are, o, as, ed-i, at-um.

Présomption, f. fiduci-a,
æ. *f.*

Presque, ferè. *adv.* — *aussitôt*, ferè statim. *adv.*

Presser, excit-are, o, as, av-i,
at-um. *acc.*

Prêt (disposé), paratus, a,
um. *g.* i. — (à), ad. acc.

Prêter (faire un prêt), commodare, o, as, av-i, at-um,
acc. Il aime à —, eum juvat commodare

Prier, rog-are, o, as, av-i,
at-um. (*qq.*) acc. (*de q.
ch.*) acc.

Prières, f. pl. prec-es, um.
f. pl.

Prince, m. princ-eps, ipis.
m.

Principal, præcipu-us, a,
um. *g. i.*
Prison, *f.* ergastul-um, i. *n.;*
carcer; is. *m. Jeter en* —,
in carcerem conjic-ere, io,
is, conjec-i, t-um. *acc.*
Privé (être), car-ere, eo, es,
u-i. *n. abl.*
Priver, nud-are, o, as, av-i,
at-um. (*q. q.*) *acc. (de q.
ch.*) *abl.* orb-are, o, as,
av-i, at-um.
Probité, *f.* integrit-as, tis.
f. probit-as, tis. *f. Extrême* —, spectata inte-
gritas.
Prochain, proxim-us, a, um.
g. i.
Procurer (être à), esse, sum,
fu-i. *dat.*
Prodige, *m.* prodigi-um, i.
n.; miracul-um; i. *n.*
Prodiguer, effund-ere, o, is,
effud-i, effus-um. *acc.* —
au premier venu, obvio
cuique porrig-ere, o, is,
porrex-i, porrect-um. *acc.*
Profane, profan-us, a, um.
g. i.
Profiter (de l'occasion), oc-
casionem amplect-i, or,
eris, amplex-us sum. *dép.*
Profondeur, *f.* altitud-o,
.inis. *f.*
Profusion, *f.* sumpt-us, ûs.
m.
Progrès, *m.* progress-us, ûs.
m.
Proie, *f.* præd-a, æ. *f.*
Projet, consili-um, i. *n. For-
mer de grands.* —, magna
mol-iri, ior, iris, molit-us
sum. *dép.* — *des projets*,
animo cogitationes vers-
are, o, as, av-i, at-um.
Promenade, *f.* ambulatio,
n-is. *f. Petite* —, ambula-
tiuncul-a, æ. *f.*

Promener (se), ambul-are,
o, as, av-i, at-um; deam-
bul-are. *n.*
Promesse, *f.* promiss-um, i.
n. Manquer à sa —, fi-
dem viol-are, o, as, av-i,
at-um.
Promettre, promitt-ere, o,
is, promis-i, sum; pol-
lic-eri, eor, eris, pollicit-
us sum. (*q. ch.*) *acc. (à q.
q.*) *dat. Se* —, sibi vin-
dic-are, o, as, av-i, at-um,
acc.
Prompt, pron-us, a, um, *g. i.*
(*à*), *ad. acc.*
Prononcer (la sentence), sen-
tentiam fer-re, o, s, tul-i,
lat-um.
Propos (juger à), plac-ere, et,
uit. *monop. Je ne jugeai
pas à* —, *tournez, il ne me
plut pas.*
Propre (à), apt-us, a, um. *g.
i.* idone-us, a, um. *g. i. ad.
acc.*
Protecteur, *m.* defensor, is.
m.
Protéger, tu-eri, eor, eris,
tuit-us sum. *dép. acc.* defend-ere, o, is, defens-um.
acc.
Providence, *f.* providenti-a,
æ. *f.*
Province, *f.* provinci-a, æ. *f.*
Provision, *f.* copi-a, æ. *f.*
Provisions (de vivres), *f.
pl.* cibari-a, orum. *pl. n.
Faire des* —, res vitæ ne-
cessarias compar-are, o, as,
av-i, at-um.
Prudemment, prudent-er,
iùs, issimè. *adv.*
Ptolémée, *m.* Ptolemæ-us,
i. *m.*
Puis, dein. *adv.*
Puiser, haur-ire, io, is, haus-

i, haust-um (*q. ch.*) *acc.*
(*à*) è *ou* ex. *abl.*
Puisque, quoniam. *conj.*
Puissant, poten-s, *d. t. g.*
tis.
Punir, pun-ire, io, is, iv-i,
it-um.
Punissable (*digne de punition*), pœnâ dignus, a,
um. *g.* i; castigand-us, a,
um. *g.* i.
Pyrrhus, *m.* Pyrrh-us, i. *m.*

Q.

Qualité, *f.* do-s, tis. *f.*
Bonnes —, præclaræ dotes.
mauvaises —, pravæ dotes.
Quand, quandò; quùm. *conj.*
depuis —, à quo tempore?
Quatorzième, decim-us quart-
us, a, um, *g.* i.
Quatre, quatuor. *indéclin.*
quatrième, quart-us, a, um.
g. i.—*cents*, quadringent-i,
æ, a.
Que, qui, quæ, quod. g. cujus. *pron. relat.*—*après un
compar.* quàm. — (*com-
bien*), quàm; quantùm;
quot. *indécl.*—(*interrogatif*), quid? cur? quare?—
de choses, quàm multa!
Quel, quis, quæ, quod *ou*
quid. *g.* cujus. — *signifiant quantième*, quot-us,
a, um. —, *quand la chose
peut se dire grande*, quantus, a, um.
Quelque, *m.* quidam, quædam, quoddam. *g.* cujus-
dam.— *devant un nom de
choses qui se comptent*,
aliquot. *indécl.*—*part que.*
Voyez *les adverbes des
questions de lieu.*
Quelque chose, *f.* aliquid. *n.*

Quelquefois, aliquandò; non-
nunquàm. *adv.*
Quelqu'un, aliquis, a, id. *g.*
alicujus; quidam, quædam,
quoddam. *g.* cujusdam. *Si*
—, si quis.
Question, *f.* percontatio,
n-is. *f.* interrogatio, n-is. *f.*
Questionner, interrog-are, o,
as, av-i, at-um. *acc.*
Questionneur, *m.* perconta-
tor, is. *m.*
Qui, qui, quæ, quod. *g.* cujus.—(*interrogatif*,) quis,
quæ, quid. *g.* cujus. —*des
deux*, ut-er, ra, rum. *g.*
rius.
Quinze, quindecim. *indécl.*
Quitter, relinq-uere, o, is,
reliqu-i, relict-um. *acc.*
Quoique, quamvis; etsi. *conj.*

R.

Racheter, redim-ere, o, is,
redem-i, redempt-um. (*q.
q.*) *acc.* (*de q. ch.*) ab. *abl.*
Racine, *f.* rad-ix, cis. *f.*
Ragoût, *m.* pulmentari-um,
i. *n.*
Raillerie, *f.* cavillatio, n-is,
f. —*piquantes*, sales ama-
ri. *m. plur.*
Raisin, *m.* uv-a, æ. *f.*
Raison, *f.* ratio, n-is. *f.*
Avec —, meritò. *adv.*
Raisonnable (*personne*), ra-
tione prædit-us, a, um.
g. i; (*chose*), æqu-us, a,
um. *g.* i.
Raisonneur, loquacul-us, a,
um. *g.* i.
Ralentir (*se*), laborem suum
intermitt-ere, o, is, inter-
mis-i, s-um.
Ramper, rep-ere, o, is, s-i,
t-um.
Rappeler, revoc-are, o, as,
av-i, at-um. *acc.*

Rare, rar-us, a, um. *g* .i ; eximi-us, a, um. *g.* i.

Rarement, rar-ò, iùs, issimè. *adv.*

Rastadt (ville d'Allemagne), Rastadi-um, i. *n.*

Rat, m. mu-s, ris. *m.*

Ravage, m. vastita-s, tis. *f.* *Faire du* —, vastitatem affer-re, o, s, attul-i, allatum.

Ravager, popul-ari, or, aris, at-us sum. *dép. acc. Qui ravage,* populabund-us, a, um. *g.* i. *acc.*

Rayon, m. radi-us, i. *m.*

Rebelle, rebell-is, is, e. *g.* is.

Rebuter, fastidia par-ere, io, is, peper-i, part-um.

Réduire, subig-ere, o, is, subegi, subact-um. *acc.* — *à la dernière extrémité,* in summas angustias adducere, o, is, adduxi, adductum. *acc.*

Recevoir, accip-ere, io, is, accep-i, t-um. *(q. ch.) acc. (de q.q.),* ab. *abl.* cap-ere, io, is, cep-i, capt-um, è *ou* ex. *abl.*

Recherche, f. investigatio, n-is. *f.*

Recherché, expetit-us, a, um. *g.* i. *abl.*

Récit, m. narratio, n-is. *f.*

Récolter, collig-ere, o, is, colleg-i, collect-um. *acc.*

Récompense, f. remuneratio, n-is. *f.;* merce-s, dis. *f.;* præmi-um, i. *n.*

Récompenser, remuner-are, o, as, av-i, at-um. *acc., ou* remuner-ari, or, aris, at-us sum. *dép. acc.*

Reconnaître (déclarer), declar-are, o, as, av-i, at-um. *acc.*

Recueillir, collig-ere, o, is, colleg-i, collect-um. *acc.*

Réellement, reipsà. *adv.*

Refuser, detrect-are, o, as, av-i, at-um. *acc.*

Regarder (ils regardent le bien et le mal avec indifférence), bonum et malum eos modicè tangunt.

Regarder (comme), hab-ere, eo, es, u-i, it-um ; existim-are, o, as, av-i, at-um. *acc.* —, *monop.* spectat ; pertinet ; attinet. ad. *acc.* Voy. *les règles.*

Règle, f. regul-a, æ. *f.*

Regorger, abund-are, o, as, avi, at-um. *(de) abl.*

Regret, m, desideri-um, i. *n. Avoir du* —, pig-ere, et, uit. *monop. (de) gén. A* —, ægrè. *adv.*

Regretter, desider-are, o, as, av-i, at-um. *acc.*

Reine, f. regin-a, æ. *f.*

Rejeter, rejic-ere, io, is, rejec-i, t-um. *acc.*

Rejoindre (q. q.), præeuntem asseq-ui, or, eris, assecut-us sum. *dép.*

Réjouir (se), gaud-ere, eo, es, gavis-us sum. *n. pass.* læt-ari, or, aris, at-us sum. *dép. (de q. ch.) abl.*

Remarquable, insign-is, is, e. *g.* is ; conspic-uus, a, um. *g.* i. *sans comp. ni superl.*

Remarquer, animadvert-ere, o, is, i, s-um. *acc. Se faire* —, emin-ere, eo, es, ui. *(par) abl.*

Remplir, repl-ere, eo, es, ev-i, et-um. *(q. q.) acc. (de q. ch.) abl.* expl-ere, eo, es, ev-i, et-um. *acc.*

Remporter, refer-re, o, s, retul-i, relat-um. *acc.*

Renard, m. vulp-es, is, f.

Rencontrer, offend-ere, o, is, i, sum. *acc.*; occur-ere, o, is, i, occurs-um. *dat.*

Rendre, redd-ere, o, is, id-i, it-um. *acc.* — *grâce*, grates persolv-ere, o, is, i, persolut-um. (*à q. q.*) *dat.* *Se* —, se confer-re, o, s, contul-i, collatum.

Rendu (être), revoc-ari, or, aris, at-us sum. (*à*) adl. *acc.*

Réparer (sa faute), culpam lu-ere, o, is, i, t-um.

Repartir (répondre), subjic-ere, io, is, subjec-i, t-um.

Repentir, m. pœnitenti-a, æ. f.

Repentir (se), pœnit-ere, et, uit. *monop.* (*de*) gén.

Répondre, respond-ere, eo, es, i, s-um. (*à q. q.*) *dat.*

Repos, m. quie-s, tis. f. oti-um, i. n.

Reposer (se), quiesc-ere, o, is, quiev-i, quiet-um. n. — *sur*, insid-ere, eo, es, insed-i, insess-um.

Répréhensible, reprehensio-ne dign-us, a, um. g. i.

Réprimer, reprim-ere, o, is, repress-i, um. *acc.*

Reprocher, exprobr-are, o, as, av-i, at-um. (*q. ch.*) *acc.* (*à q. q.*) *dat.*

Réprouvé (dévoué aux supplices éternels), suppliciis æternis addict-us, a, um. g. i.

République, f. respublic-a, reipublic-æ. f.

Réputation, f. fam-a, æ. f.

Réservé (être), man-ere, eo, es, s-i, s-um. n. (*à*) *acc.*

Réserver, serv-are, o, as, av-i, at-um. *acc.*

Résistance (vigoureuse), fortis defensio, n-is. f.

Résister (à q. q.); incurren-tem adversâ fronte excip-ere, io, is, excep-i, t-um.

Respecter, venerar-i, or, aris, at-us sum. *dép. acc.*

Respirer, spir-are, o, as, av-i, at-um. *acc.*

Ressembler, esse simil-is, is, e. g. is. g. ou *dat.*

Reste, m. reliqui-um, i. n. *Au* —, ceterùm. *Tout le* —, cetera. n. plur.

Rester, man-ere, eo, es, s-i, um; reman-ere, *comp.*; habit-are, o, as, av-i, at-um; commor-ari, or, aris, at-us sum. *dép.*

Retenu, verecund-us, a, um. g. i.

Retirer (du fruit), fruct-um percip-ere, io, is, percep-i, percept-um. *De*, ex. *abl. Se* —, ab-ire, eo, is, iv-i, it-um. *Se — la vie sauve*, abire incolum-is, is, e. g. is.

Retour, m. redit-us, ûs. m.

Retourner, revert-i, or, eris, revers-us sum. *dép.* — *dans*, in. *acc.*

Revenir, red-ire, eo, is, iv-i, it-um. (*à*), ad. *acc.* (*de*), ab. *abl.* — *de promener*, ab ambulando.

Révoquer, revoc-are, o, as, av-i, at-um. *acc.*

Rhin, m. Rhen-us, i. m.

Rhône, m. Rhodan-us, i, m.

Riche, div-es, d. t. g. itis. *comp.* diti-or, *superl.* di-tissim-us, a, um.

Richesses, f. diviti-æ, arum. f. pl.; bon-a, orum. n. pl.

Rien, nihil. *adv. — ne*, nihil indécl.

Rire, rid-ere, eo, es, ris-i, ris-um. *Le —*, ris-us, ûs. *m.*

Rivage, *m.* litt-us, oris. *n.*

Rivière, *f.* flum-en, inis. *n. De —*, fluviatil-is, is. e. g. is.

Robe, *f.* tog-a, æ. *f.*

Robert, *m.* Robert-us, i. *m.*

Robin, *m.* laniger, i. *m.*

Robinson, *m.* Robinson, is. *m.*

Rocher, *m.* scopul-us, i. *m.*

Rocroi, *m.* (*ville de France*), Rocroi-um, i. *n.*

Roi, *m.* re-x, gis. *m. De —*, regal-is, is, e. g. is.

Rome, *f.* Rom-a, æ. *f. — de Rome*, Roman-us, a, um. g. i. *Les Romains*, Roman-i, orum. *m. pl.*

Ronger, corrod-ere, o, is, corros-um. *acc.*

Rose, *f.* ros-a, æ. *f. De rose*, ros-eus, a, um. g. i.

Rosser, ictibus contund-ere, o, is, contud-i, contus-um. *acc.*

Rossignol, *m.* luscini-a, æ. *f*

Rouen, *m.* (*ville de France*), Rothomag-us, i. *m.*

Rouge, rub-er, ra, rum. g. ri.

Rougir, erubesc-ere, o, is, erubu-i, *n. —* (*avoir honte*), pud-ere, et, uit. monop. (*de*) gén.

Rousseau, *m.* (*auteur célèbre*). Russelli-us, i. *m.*

Route, *f.* vi-a, æ. *f.; —* it-er, ineris. *n. Une mauvaise route*, etc. *—* via deterrima.

Royaume, *m.* regn-um, i. *n.*

Rudiment, *m.* rudiment-um, i. *n.*

Ruse, *f.* ast-us, ûs; dol-us, i. *m.*

Rusé, callid-us, a, um. g. i.

S.

Sabre, *m.* acinac-es, is. *m.*

Sac, *m.* sacc-us, i. *m.*

Saccager, dirip-ere, io, is, ui, dirept-um. *acc.*

Sacré, sac-er, ra, rum. g. ri.

Safran, *m.* croc-us, i. *m.* et croc-um, i. *n. De —*, croce-us, a, um. g. i.

Sage, sapien-s, d. t. g. tis.

Sagement, sapient-er. *adv.* ius, issimè.

Sagesse, *f.* sapienti-a, æ *f.;* prudenti-a, æ. *f. Avec —*, prudenter. *adv.*

Saison, *f.* tempesta-s, tis. *f. Belle —*, secunda tempestas.

Sanglant, cruent-us, a, um. g. i.

Sanglier, *m.* ap-er, ri. *m.*

Sans, absque, sine. *prép. abl.*

Sans cesse, indesinenter; perpetuò. *adv.*

Sansonnet, *m.* sturn-us, i. *m.*

Saône (*rivière*), Arar-is, is. *f. Haute —*, Araris superior.

Satisfaire, satisfac-ere, io, is, satisfec-i, satisfact-um. *n.* (*q. q.*) dat.

Satisfait, contentus, a, um. g. i. *Etre —*, vehementer laudare, o, as, avi, at-um.

Saturne, *m.* Saturn-us, i. *n.*

Sauce, *f.* embamm-a, tis. *n.*

Sauver (*q. q.*), incolumen serv-are, o, as, av-i, at-um. *acc.*

Savant, doct-us, a, um. *g. i.*

Saveur, *f.* sapor, is. *m.*

Savoir, nosc-ere, o, is, nov-i, not-um. *acc.* ; sc-ire, io, is, iv-i, it-um. *Ne pas—*, nesc-ire, io, is, iv-i, it-um, (*Voy. la règle du thème* 34.) *Ne — (ne pouvoir)*, non poss-e, um, pot-es, u-i. *inf. — de q. q.*, cognosc-ere, o, is, cognov-i, cognit-um, è *ou* ex *abl. Je le sais*, id me non fugit. *Qui ne sait pas*, rud-is, is, e. *g.* is.

Savoir-faire, singularis solerti-a, æ. *f.*

Scélérat, scelest-us, a, um. *g. i.* ; scel-us, eris. *n.*

Scélératesse, *f.* improbita-s, tis. *f.*

Schall, *m.* maximum strophi-um, i. *n.*

Science, *f.* scienti-a, æ. *f.* ; doctrin-a, æ. *f.*

Scrupuleusement, religiosè.

Scruter, scrut-ari, or, aris, at-us sum. *dép. acc.*

Sec, arid-us, a, um. *g. i.*

Second, secund-us, a, um. *g. i. Quand on parle de deux.* posterior, us. *g.* oris.

Secouer, quass-are, o, as, av-i, at-um. — *la tête*, quassare caput.

Secours, *m.* auxil-ium, i. *n. Porter du —*, ferre auxilium. (*à q. q.*) *dat.* opitul-ari, or, aris, at-us sum. *dép. dat.*

Secourir (donner du secours), opitul-ari, or, aris, at-us sum. (*q. q.*) *dat.*

Seize, sexdecim. *indécl.*

Séjour (action de demeurer), commoratio, n-is. *f.*

Séjourner, commor-ari, or, ris, at-us sum. (*à*) in. *abl.*

Selon, secundùm. *acc.* — *mon plaisir*, ad libitum.

Semaine, *f.* hebdoma-s, dis. *f.*

Semblable, simil-is, is, e. *g.* is. (*à*) *gén. ou dat.*

Sembler (paraître), vid-eri, eor, eris, vis-us sum.

Semer, ser-ere, o, is, sev-i, sat-um ; semin-are, o, as, av-i, at-um. *acc.*

Sémur (ville de France), Semurit-um, i. *n.*

Sens, *m.* sens-us, ûs. *m.*

Sens (ville de France), Senon-es, um. *m. pl.*

Sensé, egregiè cordat-us, a, um. *g. i.*

Sentence, *f.* sententi-a, æ. *f.*

Sentir, sent-ire, io, is, sens-i, um. *acc.*

Séparer, segreg-are, o, as, av-i, at-um (*q. q.*) *acc.* (*de q. ch.*) ab. *abl. Se —* de q. q., ab aliquo discedere, o, is, discess-i, um ; seced-ere, o, is, secess-i, um.

Sept, septem. *ind. Septième*, septim-us, a, um. *g. i. — cents*, septingent-i, æ, a.

Sépulture, *f.* sepultur-a, æ. *f.*

Service, offici-um, i. *n.*

Servir (être esclave), serv-ire, io, is, ii, it-um. *n. dat.* ; inservire. *comp. — un maître*, hero famulari, or, aris, at-us sum, *Se —*, ut-i, or, eris, us-us sum. *dép. abl. — de* q. q. alicujus operâ uti.

Serviteur, *m.* famul-us, i ; serv-us, i.

Servitude, *f.* servitu-s, tis. *f.*

Seul, sol-us, a, um. *g.* ius.

Seulement, tantùm, tantùm modò ; solummodò. *adv.*

Sévérité, *f.* severita-s, tis. *f.*

Si, si , *conj. Devant un adv.*
ou *un adv.* tàm. Si *régit le*
subj. devant l'imparf. et
le plus-que-parfait. Si....
ne, nisi , *conj. Si ce n'est*,
nisi.

Sicile, *f.* Sicili-a , æ. *f.*

Siffler (*q. q.*) , exsibil-are,
o, as , av-i, at-um. *acc.*
—, sibila effl-are, o, as ,
av-i, at-um.

Signe, *m.* sign-um , i. *n.*

Signer, subscrib-ere , o, is,
subscrips-i, subscript-um.

Silence, *m.* silenti-um , i. *n.*

Simple (*peu rusé*), incal-
lid-us, a, um ; insan-us,
a, um. g. i ; ingenu-us, a,
um. g. i. — (*facile*), facil-is, i, e. g. is.

Sincèrement, sincerè. *adv.*
sincer-iùs, rimè.

Sinon, *m.* (*non d'homme*),
Sino, n-is. *m.*

Six, sex, *indéclin. Sixième*,
sext-us, a, um. g. i. —
cents, sexcent-i, æ, a.

Sobre, sobri-us, a, um. g. i.

Sobriété, *f.* sobrieta-s , tis.
f.

Société, *f.* societa-s , tis. *f.*
La —, communis homi-
num societas.

Socrate, *m.* Socrat-es , is.
m.

Sœur, *f.* soror, is. *f.*

Soif, *f.* sit-is , is. *f. Avoir*
—, sit-ire, io, is, iv-i,
it-um. *n.*

Soigner, cur-are , o, as, av-i,
at-um.

Soigneusement , *adv.* assi-
duè ; diligenter. *adv.*

Soin, *m.* cur-a , æ. *f. Se*
charger du—, curam sus-
cip-ere, io, is, suscep-i,
t-um.

Soir, *m.* vesper, is. *m.* ; ves-

'per-um, i. *n. Ce* —, hoc
vespere. *Le* —, vespere.
Du —, vespertin-us, a ,
um. g. i.

Soldat, *m.* mil-es, itis. *m.*

Solitude, *f.* solitud-o, in-is.
f.

Sollicitude , *f.* sollicitud-o ,
in-is. *f.*

Sombre, trist-is , is , e. g.
is.

Somme (*d'argent*), summ-a ,
æ. *f.* — *considérable* ,
grandis summa. *Dépenser*
des sommes considérables,
ingentes sumptus agere.

Son, su-us, um. g. i.

Sonder, explor-are , o, as ,
av-i, at-um. *acc.*

Sonner, cogit-are, o, as , av-
i, at-um. — (*à*) de. *abl.*

Sort, *m.* sor-s , tis. *f.*

Sorte (*de la*), hoc modo,
ità ; sic. *adv.* — *Toute*,
omne gen-us. g. eris. *n.*

Sortir, egred-i, ior, eris ,
egress-us sum. — (*se reti-*
rer), disced-ere, o, is ,
discess-i , um. (*de*) ab. *abl,*
— (*faire*), excut-ere, io ,
is, excuss-i, um. *acc.* (*de*)
abl.

Souabe, *f.* Suevi-a, æ.

Soucieux (*tout*), anxi-us, a,
um. g. i.

Souffrir, pat-i , ior, eris ,
pass-us sum. *dép. acc. Qui*
souffre , patien-s , d. t. g.
tis. *gén. Qui ne peut* —,
impatien-s, d. t. g. tis.

Soumettre (*une nation*), gen-
tem subig-ere, o, is, subeg-
i , subact-um.

Soupçon, *m.* suspicio, n-is.
f.

Soupçonneux , suspica-x , d.
t. g. cis ; suspicios-us , a ,
um. g. i.

Souris, f. sor-ex, icis. m.

Sourire, subrid-ere, eo, es, subris-i, um. n.

Sous, sub. *prép. abl.*

Souscrire, assent-iri, ior, iris, assens-us sum. *dép.*

Soustraire (se), se subtrah-ere, o, is, subtrax-i, subtract-um. — *à la conscription*, militiæ nomen non dare.

Soutenir, sustin-ere, eo, es, u-i, sustent-um. *acc.*

Soutenu (être), nit-i, or, eris, nix-us *ou* nisus sum. *dép. (par ou de) abl.*

Souvenant (se), memor, is, d. t. g. *Ne se — pas*, immemor, is. *gén.*

Souvenir, m. memori-a, æ. f.

Souvenir (se), memin-isse. i. *défect. gén. ou acc.* —, record-ari, or, aris, at-us sum. *dép. gén. ou acc. Qui se souvient*, memor, is. *Qui ne se souvient pas*, immemor, is. *(de) gén.*

Souvent, sæpè. *adv.* iùs, issimè. *Un peu trop.* —, paulò sæpius.

Spectacle, m. *(comédie)*, scenæ spectacul-um, i, n.

Spectateur, m. spectator, is. m.

Statue, f. statu-a, æ. f.; sign-um, i. n.

Strasbourg, m. *(ville de Fr.)*, Strasburg-um, i. n.

Stratagème, f. dol-us, i. m.

Studieux, studios-us, a, um. g. i.

Subit, repentin-us, a, um. g. i.

Sublime, sublim-is, is, e. g. is.

Substantiel, succos-us, a, um. g. i.

Succès, m. success-us, ûs. m. *Il a obtenu des succès*, tournez : *la chose lui a réussi heureusement*, res illi prosperè cessit.

Suffisamment, satis. *adv.*

Suisse (la), f. Helveti-a, æ. f.

Suivre, sequ-i, or, eris, secut-us sum. *dép. acc.*

Sujet (soumis), subdit-us, a, um. g. i. — *(cause)*, caus-a, æ. f.

Superbe (beau), splendid-us, a, um. g. i; magnific-us, a, um. g. i. — *(orgueilleux)*, superb-us, a, um. g. i; fero-x, d. t. g. cis.

Superstitieux, superstitios-us, a, um. g. i.

Supplice, m. supplici-um, i. n.

Supporter, fer-re, o, s, tul-i, lat-um; toler-are, o, as, av-i, at-um. *acc.*

Sur, in. *prép. acc. quand i y a déplacement, ablat., quand on ne change pas de lieu*; super; suprà. *acc.*

Sûr, tut-us, a, um. g. i; cert-us, a, um. g. i.

Surcroît, m. accessio, n-is. f.

Sûreté, salu-s, tis. f.

Surmonter, super-are, o, as, av-i, at-um. *acc.*

Surnommé, cognominat-us, a, um. g. i. — *Fidèle*, cognomine Fidelis.

Surnommer, cognomin-are, o, as, av-i, at-um. *acc.*

Surtout, præsertim; imprimis. *adv.*

Surveiller, advigil-are, o, as, avi, at-um. *(q. q.) dat.*

Syntaxe, f. syntax-is, is. f.

T.

Tailleur, *m.* vestiari-us , i. *m.*

Taire (*se*) , sil-ere , eo , es , u-i. *n.*

Tandis que , dùm. *conj.* veut le subjonctif devant l'imparfait seulement.

Tant, tantùm ; tantoperè. *adv.* Devant un nom de choses qui se comptent , tot , *indécl.*

Tante, *f.* amit-a, æ. *f.*

Tantôt (*répété*), modò *ou* tùm *répété*.

Tarder (*ne pas*) , se tourne par bientôt , mox.

Tel, tal-is, is, e. *g.* is. — (*en mauvaise part*), istius modi, *ou* ist-e, a , ud. *g.* ius.

Témoignage, *m.* testimonium, i. *n.*

Tempête, *f.* procell-a , æ. *f.* Battu par la — , jactatus procellâ.

Temps, *m.* temp-us, oris. *n.* Long— , diù, diut-iùs , issimè. *adv.* Peu de — , après , paulò pòst.

Termes (*en ces*), his verbis.

Terminer, confic-ere, io , is , confec-i , t-um. *acc.* ; perfic-ere , io , is, perfec-i , t-um. *acc.* — un bâtiment, ædem exstru-ere , o , is , exstrux-i , exstruct-um.

Tendre, tener, a , um. *g.* i.

Tenir, ten-ere, eo , es , u-i , t-um. *Se*—, st-are , o , as , stet-i , stat-um. —aux portes , ad portas stare.

Terre, *f.* terr-a, æ. *f.* A—, humi.

Terrible, terribil-is , is, e. *g.* is.

Tête, cap-ut , it-is. *n.*

Théophile , *m.* Theophil-us , i. *m.*

Thersite, *m.* Thersit-us , i. *m.*

Tiède, tepid-us, a, um. *g.* i.

Tirer (*de*), deprom-ere, o, is, ps-i, pt-um. è. *abl.*; duc-ere , o , is , dux-i , duct-um. *abl.* —(*q. q.*) par le bras , aliquem brachio excut-ere , io , is , excuss-i , um. — l'épée, gladium string-ere , o , is , strinxi , strict-um. — de l'utilité, utilitatem percip-ere , io , is , percep-i , t-um. (*de q. ch.*) è *ou* ex. *abl.*

Titan, *m.* Titan-us, i. *m.*

Toison , *f.* vell-us, eris. *n.*

Toit, *m.* tect-um, i. *n.*

Tombe, *f.* tumul-us , i. *m.*

Tomber, cad-ere , o , is ; cecid-i , cas-um. — entre les mains, in potestatem cad-ere. (*de q. q.*) gén.

Ton, *m.* (*voix*) vo-x , cis. *f.*

Ton, ta , tes , tu-us , a , um. *g.* i.

Total, *m.* summa tot-a , *f.* g. summæ totius.

Toujours, semper. *adv.*

Tour, *f.* turr-is, is. *f.*

Tourmenter, vex-are, o , as, av-i , at-um. *acc. Se*—, se cruci-are , o , as , av-i , at-um ; se jact-are , o , as , av-i , at-um.

Tourner, vert-ere, o , is, i , vers-um. *acc.*

Tout, omnis , is, e. *g.* is. —(*tout entier*), tot-us, a, um. *g.* ius ; quilibet , quælibet, quodlibet. *g.* cujuslibet. — à coup, repentè. *adv.* Toute sorte, omne genu-s, eris. *n.* (*de*) gén.

Trahir, prod-ere , o , is , prodid-i, itum. *acc.*

Trainer, pertrah-ere, o, is, pertrax-i, pertract-um. *acc.*

Traiter (*bien* ou *mal*), benè aut malè hab-ere, eo, es, u-i, it-um. *acc.*

Trame, *f.* (*criminelle*), perfidum consili-um, i. *n.*

Tranquille, tranquill-us, a, um, *g.* i.

Tranquillement, tranquillè. *adv.*

Tranquillité, *f.* tranquillita-s, tis. *f.*

Transmettre (*à la postérité*), posteris relinqu-ere, o, is, reliqu-i, relict-um. *acc.*

Transporter, deveh-ere, o, is, devex-i, devect-um; transveh-ere. *comp. acc.*

Travail, *m.* labor, is. *m.*; oper-a, æ. *f.*

Travailler, labor-are, o, as, a-vi, at-um, *n.*

Traverser, trajic-ere, io, is, trajec-i, t-um. *acc.*—(*passer outre*), trans-ire, eo, is, ii *ou* iv-i, it-um. *acc.*

Tremblement, *m.* concuss-us, ûs. *m.*

Trésor, *m.* thesaur-us, i. *m.*

Triomphe, *m.* triumph-us, i. *m. De*—, triumphal-is, is, e. *g.* is.

Triste, trist-is, is, e. *g.* is.

Triumvir, *m.* triumvir, i. *m.*

Trois, tres, tres, tria. *g.* trium. *Troisième*, terti-us, a, um. *g.* i. — *cents*, trecent-i, æ, a.

Tromper, decip-ere, io, is, decep-i, t-um. *acc. Se* —, err-are, o, as, av-i, at-um.

Tronc, *m.* stipis receptrix arcul-a, æ. *f.*

Trop, nimis, *adv. Un peu* —, paulò, *avec le comparatif.*

Frotter, concurs-are, o, as; av-i, at-um.

Troupeau, *m.* pec-us, oris. *n.*

Trouver (*sans chercher*), reper-ire, io, is, i, t-um. *acc.* inven-ire, io, is, i, t-um. *acc.*

Trouver (*juger*), judic-are, o, as, av-i, at-um. *acc.*

Tuer, occid-ere, o, is, i, occis-um; interfic-ere, io, is, interfec-i, t-um. *acc.*; nec-are, o, as, ui *ou* av-i, t-um *ou* necat-um. *acc.*

Tuileries, *f.* hort-us regius à tegularum officinis dictus. *g.* i. (*déclinez*, hortus regius *et* dictus.)

Tulipe, *f.* tulip-a, æ. *f.*

Turbot, *m.* rhomb-us, i. *m.*

U.

Ulm (*ville de Souabe*), Ulm-a, æ. *f.*

Un (*certain*), quidam, quædam, quoddam. *g.* cujusdam. *pron.* —(*adjectif de nombre*), un-us, a, um. *g.* ius. — *jour*, die quâdam.

User (*de*), ut-i, or, eris, usus sum. *dép. abl.*—*de son droit*, jus suum ten-ere, eo, es, ui, t-um.

Utile, util-is, is, e. *g.* is. *dat.; superl.* utilissim-us, a, um. *g.* i.

Uranus, *m.* Uran-us, i. *m.*

V.

Vain (*orgueilleux*), superb-

us, a, um. *g.* i. *En —,*
frustrà. *adv.*

Vaincre, vinc-ere, o, is, vic-i,
vict-um. *acc.*

Vainqueur, m. victor, is. *m.*

Vaisseau, m. nav-is, is. *m.*

Valet, m. serv-us, i. *m.* ; famul-us, i. *m.*

Vallée, f. vall-is, is. *f.*

Valoir, val-ere, eo, es, u-i.
n. —mieux, præst-are, o,
as, it-i, it-um. *n. dat. ou*
potior esse, sum, fui, *abl.*
Il vaut mieux, præstat potiùs ; satius est.

Vanité, f. vanita-s, tis. *f.*

Vanter (louer), laudibus ef-
fer-re, o, s. *acc.—,* jactit-
are, o, as, av-i, at-um.
acc. magnifico laudum ap-
paratu celebr-are, o, as,
av-i, at-um. *acc.*

Vaste, vast-us, a, um. *g.* i.

Vaurien, m. verbero, n-is. *m.*

Veiller, invigil-are, o, as,
av-i, at-um. (*à q. ch.*) *dat.*
aux intéréts, commodis.

Veine, f. ven-a, æ. *f.*

Vengeance, f. vindict-a, æ.
f. ; ultio, n-is. *f. Tirer —*
de q. q., vindictam ab aliquo exig-ere, o, is, exeg-i,
exact-um.

Venger (se), ulcisc-i, or,
eris, ult-us sum. *dép. acc.*

Venir, ven-ire, io, is, i,
t-um. *n.* (*à* ou *dans*), in.
acc. Qui venait de, pro-
fectus, a, um. *g.* i. *abl. —*
avec q. q. sequ-i, or, eris,
secut-us sum. *dép. acc.*

Vent, m. vent-us, i. *m.*

Vénus, f. Ven-us, eris. *f.*

Ver, m. verm-is, is, *m. — à*
soie, bomby-x, cis. *m.*

Véritable, ver-us, a, um.
g. i.

Véritablement, verè. *adv.*

Vérité, f. verita-s, tis. *f.* ;
ver-um, i. *n. A la—,* equi-
dem. *adv.*

Vers, m. vers-us, ùs. *m.*

Vers, ad. *prép. acc.*

Vert, virid-is, is, e. *g.* is.

Vertu, f. virt-us, utis. *f.*

Vertueux (doué de vertu),
virtute prædit-us, a, um.
g. i.

Vesoul (ville de France),
Vesul-ium, i. *n.*

Vice, m. viti-um, i. *n.*

Victime, f. victim-a, æ. *f.*

Victoire, f. victori-a, æ. *f.*

Vider (des arrosoirs),
aquam ex alveolis effund-
ere, o, is, effud-i, effus-
um.

Vie, f. vit-a, æ. *f.* ; æta-s, tis.
f. Mener une —, vitam
deg-ere, o, is, i. *Perdre la*
—, vitam amitt-ere, o, is,
amis-i, sum.

Vienne (ville d'Autriche),
f. Vindobon-a, æ. *f.*

Vif, ac-er, ris, e. *g.* is; viv-
us, a, um. *g.* i ; fervid-us,
a, um. *g.* i.

Vigueur, f. vis, is. *f.*

Vil, vilis, is, e. *g.* is.

Vilain (laid), horrid-us,
a, um. *g.* i.

Village, m. vic-us, i. *m.* ;
pag-us, i. *m. Petit—,* vi-
cul-us, i. *m.*

Villars (général), m. Vil-
lart-ius, i. *m.*

Ville, f. urb-s, is. *f.* ; civi-
ta-s, tis. *f. —(place for-*
tifiée), oppid-um, i. *n.*

Vin, m. vin-um, i. *n.*

Vingt, viginti. *indécl. ving-*
tième, vicesim-us, a, um.
g. i.

Violent, vehemen-s, d. t. *g.*
tis.

Violette, f. viol-a, æ. *f.*

Virgile, *m.* Virgili-us, i. *m.*

Visite (*d'un médecin chez un malade*), ad ægrotum aditio, n-is. *f.*

Visiter (*aller voir*), invis-ere, o, is, i, um. *acc.*

Vite, celeriter. *adv.* celer-iùs, rimè.

Vivacité, *f.* petulanti-a, æ. *f.*

Vivre, viv-ere, o, is, vix-i, vict-um. — *de*, vesc-i, or, eris. *dep. abl.*

Vivres (*des*), cibari-a, orum. *plur. n.*

Voici, en, ecce, *adv.* nom. ou *acc.*

Voie, *f.* vi-a, æ. *f.*

Voilà, ecce. *adv.* nom. ou acc. — *ce qui*, hoc.

Voile, vel-um, i. *n.*

Voir, vid-ere, eo, es, is, vis-um. *acc.*

Voirie, *f.* (*jeter q. q. à la—*), aliquem projïcere inhuma-tum, *ou* feris alitibusque epulandum. *m. à m.* jeter quelqu'un devant servir de pâture aux bêtes féro-ces et aux oiseaux.

Voisin, *m.* vicin-us, i. *m.*

Voisine, *f.* vicin-a, æ. *f.*

Voiturier, *m.* vecturam fa-cien-s, tis. *m.*

Voix, *f.* vo-x, cis. *f.* A *—* haute, voce contentâ.

Voler (*dérober*), subrip-ere, io, is, u-i, subrept-um. *acc.*; fur-ari, or, aris, at-us sum. *dép. acc.*

Voleur, *m.* latro, n-is. *m.*; fur, is. *m.*

Volontiers, libenter. *adv.*

Voltiger, volit-are, o, as, av-i, at-um. *m.*

Voracité, *f.* ingluvi-es, ei. *f.*

Votre (*en parlant à un seul*), tu-us, a, um. *g.* i. (*à plu-sieurs*), vest-er, ra, rum. *g.* i.

Vouloir, velle, vol-o, vis, vol-ui. *irrégul. acc.*; — (*désirer*; cup-ere, io, is, iv-i, it um. *acc.*; (*ordon-ner*), jub-ere, eo, es, juss-i, um. *acc. Ne—pas*, nol-le, o, non vis, non vult. *irrégul. acc.*

Vous (*en parlant à un seul*), tu, tui. (*à plusieurs*) vos, vestrûm *ou* vestri.

Voyager, it-er fac-ere, io, is, fec-i, fact-um. — *en*, per. *acc.*

Voyageur, *m.* viator, is. *m.*

Vrai, ver-us, a, um. *g.* i.

Vue, *f.* vis-us, ûs. *m.* A la— ad conspectum, (*de*) gén.

Vulcain, *m.* Vulcan-us, i, *m.*

X.

Xantippe, *f.* Xantippa, æ. *f.*

Y.

Yeux, *m. plur.* ocul-i, orum. *m. plur.*

Z.

Zèle, *m.* studi-um, i. *n.*

Zélé, studios-us, a, um. *g.* i.

TABLE

DES MATIÈRES.

FIN DE LA TABLE.